Richard Deiß

Weiß-blaue Schatzkästlein

100 Städte in Bayern, welche man kennen sollte

E-Mail-Adresse des Autors:
E-Mail: richard.deiss@gmail.com

Anregungen und Verbesserungsvorschläge sind willkommen und werden in der nächsten Ausgabe berücksichtigt.

Herstellung und Verlag: BoD – Books on Demand, Norderstedt
Zweite Auflage 2022, Originalausgabe

© Richard Deiss, Berlin 2022

Printed in Germany

ISBN 978-3-7543-246-39

Bibliografische Information der Deutschen Nationalbibliothek
Die Deutsche Nationalbibliothek verzeichnet diese Publikation in der Deutschen Nationalbibliografie; detaillierte bibliografische Daten sind im Internet über http://dnb.d-nb.de abrufbar

Inhalt

Vorwort

In Deutschland habe ich bisher bereits mehr als 1000 Städte besucht. Entsprechende Listen und kurze Berichte der 250 wichtigsten der besuchten Städte publizierte ich im Frühjahr dieses Jahres unter dem Titel `Weg ist das Ziel´. In dem kleinen Taschenbuch blieb nicht genug Platz, bei den besuchten Städten noch mehr ins Detail zu gehen. Für Süddeutschland, das heißt Bayern und Baden-Württemberg publizierte ich deshalb den Band `Butterseelenallein´ mit 222 beschriebenen Städten. Später stellte ich die Regional-bände auf 100 Städte pro Band um (6 Großregionen in Deutschland). Bayern allein ist jedoch ein so großes Bundesland mit über 300 Städten, dass sich ein eigener Band anbot. Mit dem vorliegenden Büchlein liegt der Bayernteil von `Butterseelenallein´ als eigener Band vor.

Es waren zunächst dieselben bayerischen Städte enthalten, in Neuauflagen kamen jedoch weitere Städte hinzu. Als Neuerung sind zudem handgezeichnete Karten eingefügt worden und die Zahl der Fotos hat sich deutlich erhöht.

Beim vorliegenden Buch handelt es sich um keinen Reiseführer, sondern um Impressionen, angereichert mit Wissenswertem zu den besuchten Städten.

Ich hoffe, Leser finden dennoch manches, was eine Lektüre lohnt. In Zukunft werde ich wohl weitere Städte in Bayern besuchen oder Neues in bereits besuchten Städten entdecken. Das Büchlein soll deshalb immer wieder neu aufgelegt und erweitert werden, auch um zusätzliche Fotos.

In der zweiten Auflage habe ich die fehlenden Städte im Regierungsbezirk Schwaben besucht und damit dort jetzt alle 44 Städte besichtigt.

Berlin im Januar 2022
Richard Deiß

Neu besuchte Städte (bis zur 2. Auflage)
Jedoch keine neue Top-100 Stadt darunter.

Bobingen
Stadt nahe Augsburg mit nur wenigen Sehenswürdigkeiten. Im örtlichen Friedhof Grab des Schlagerstars Roy Black.

Königsbrunn
Auch in diesem Augsburger Vorort gibt es keinen historischen Stadtkern, jedoch immerhin den größten Globus nach historischer Vorlage und ein skurriles Café.

Gersthofen
Architektonisch nur mäßig interessanter nördlicher Vorort Augsburgs. Ich besuchte den Ort, um den einst verfallenen `Somaliabahnhof´ zu sehen, der aber bereits abgerissen war.

Rain am Lech
Nette kleine Stadt mit bunten Putzfassaden und Tillydenkmal an Hauptachse, unweit von Lech und Donau gelegen.

Thannhausen
Kleine angenehme Landstadt mit geringer Zentralität und ohne große Sehenswürdigkeiten.

Uffenheim
Eigentlich schöne kleinere Stadt, der es jedoch ein bisschen an Leben und Einkaufsmöglichkeiten fehlt.

Kolbermoor
Kleine, moderne, durch die Lage am Mangfall und ihr industrielles Kulturerbe jedoch nicht uninteressante Stadt.

Bad Aibling
Sehenswerte kleine Kurstadt mit historischem Ortszentrum.

Bayern

Bayern ist das Bundesland mit der größten Zahl an sehenswerten Städten. Das liegt an der Größe und Vielfalt des Bundeslandes und an der Tatsache, dass sich in Teilen des Landes (Ostbayern) die Kriegszerstörungen in Grenzen hielten. Die Innenstädte größerer Städte wurden zudem in historischen Grund- und Aufrissen wiederaufgebaut. Vor allem in Westbayern gibt es zudem viele ehemalige Freie Reichstädte. Ein Besuch bayerischer Städte lohnt sich auch aufgrund der Vielzahl von Schlössern und Burgen, Kunstmuseen, und Opernhäusern. Allein in Oberfranken gibt es vier Opernhäuser. Sieben Jahre habe ich in München gelebt (1 Jahr in Germering und wenige Monate in Freising), und die Stadt danach auch schon mehr als 30x besucht. Zu den Städten, welche mich am meisten beeindruckten gehören München und Nürnberg, Regensburg, und überraschenderweise Fürth, in Teilgebieten auch Würzburg und Bamberg. Kleinere Städte, welche mich beeindruckten, sind Lindau (meine Lieblings-Kleinstadt), Füssen, Wasserburg am Inn, Ansbach, Rothenburg ob der Tauber, Neuburg an der Donau und Passau, sowie Garmisch-Partenkirchen (funktional eine Stadt jedoch ohne Stadtstatus).

Regierungs-bezirk	Städte insg.	besucht (%)	Top 100 Bayern	zusätzl. im Buch
Unterfranken	45	23 (51%)	15	6
Mittelfranken	45	23 (51%)	15	6
Oberfranken	51	19 (37%)	11	3
Oberpfalz	48	19 (40%)	12	3
Niederbayern	30	18 (60%)	11	3
Oberbayern	50	41 (78%)	19	2
Schwaben	44	44 (alle)	17	2
Bayern	313	187 (60%)	100	30

1. Unterfranken

Unterfranken wird so stark vom Main geprägt, dass man es gelegentlich auch Mainfranken nennt. Alle größeren Städte des Regierungsbezirkes liegen am Main. Durch die zentrale Lage dieses Bezirkes in Deutschland bin ich hier schon vielmals durchgekommen. Vor allem in der Bezirkshauptstadt Würzburg bin ich schon oft umgestiegen. Die zentrale Lage, brachte es allerdings auch mit sich, dass die größeren Städte im Krieg stark zerstört wurden, vor allem Würzburg, einst eine der schönsten deutschen Städte. Die kleineren Städte sind jedoch in ihrer historischen Anmutung erhalten geblieben und hier kann man manches Schmuckstück entdecken, wie Miltenberg, Iphofen oder Haßfurt.
Am häufigsten habe ich Würzburg besucht, bereits mehr als 15x war ich dort, mindestens 3 x war ich in Schweinfurt und Aschaffenburg. Die meisten anderen Orte habe ich erst ein einziges Mal besucht.

Museum Schäfer in Schweinfurt

10 Städte, welche mich am meisten beeindruckten

❖ Würzburg

Würzburg war eine der ersten größeren deutschen Städte, welche ich zu Schulzeiten besucht habe. Ende der siebziger Jahre waren wir hier mit der Klasse in einem so genannten Schullandheim. Als Allgäuer empfand man die Stadt als exotisch, denn hier gab es Weinberge, einen großen Fluss und McDonalds. Was mich damals sehr beeindruckt hat, war die Veste Marienberg mit dem Blick über die Stadt und das Käppele, eine Barockkapelle in den Hügeln. Später las ich, dass Würzburg zu den im Krieg am stärksten zerstörten deutschen Städten gehört. Die Leitbauten der Altstadt sind jedoch wiederaufgebaut worden. Vom 1950er Jahre-Bahnhof behauptete die Bild-Zeitung einst, er wäre der hässlichste Deutschlands. Zeitweise gab es Pläne, ihn abzureißen und ein Einkaufszentrum mit Gleisanschluss zu bauen. Doch mit recht geringen Mitteln konnte man die 1950er Jahre Eleganz des Bahnhofs auffrischen. Im Dezember 2021 fahre ich nach Würzburg, um die älteste Pizzeria Deutschlands, von einem deutsch-italienischen Ehepaar 1952 in der Elefantengasse eröffnet, zu sehen. Auch am Haus am Bahnhof, wo Wilhelm Röntgen die nach ihm benannten Strahlen entdeckte, komme ich vorbei.

❖ Aschaffenburg

In den 1980er Jahren gab es den running gag der *Titanic* Redaktion, dass Aschebäsch, also Aschaffenburg ja so toll sein soll, aber der IC hielte dort halt einfach nicht. Später gab es einen IC- (und sogar vereinzelt ICE-) Halt und nun gab es keine Ausrede mehr. Der Schriftsteller Max Goldt beklagte einmal, dass manche Kollegen bei Lesungen an Provinzstädten litten, er jedoch auch in solchen Orten Sehenswertes finden könnte. Als Beispiel nannte er die

Sammlung von Korkmodellen antiker Bauten im Schloss Johannisburg in Aschaffenburg. Als ich einem französischen Kollegen, der einmal in Aschaffenburg gewohnt hatte sagte, dass Aschaffenburg einst auch *bayerisches Nizza* genannt wurde, meinte er, das wäre gar nicht ganz abwegig, denn es gäbe ja das Schloss, die Mainpromenade und das Pompejanum. Aus Aschaffenburg kommt der Kabarettist Urban Priol. Wenn er in seinem Dialekt redet, glauben die Südbayern einen waschechten Hessen vor sich zu haben und sind dann ganz verblüfft, wenn er sagt, er sei aus Bayern. Tiefer in Bayern werden die Bewohner der Stadt (oder auch die Hessen) auch scherzhaft *Aschenbecher* genannt. Mit dem bedeutenden Maler Christian Schad ist wiederum ein Südbayer fast ein Aschaffenburger geworden. Er hat länger in der Stadt gelebt, die Stadt verfügt über eine große Sammlung seiner Bilder und im Juni 2019 sollte ein Christian-Schad-Museum in Aschaffenburg eröffnen, welches ich unbedingt besuchen wollte. Doch es gab Probleme mit der Klimaanlage und bis heute wurde das Museum nicht eröffnet (mittlerweile für Mitte 2022 geplant).

❖ **Schweinfurt**

Schweinfurt wird auch Kugellagerstadt genannt (Fichtel& Sachs als einst führendes Unternehmen). Es ist eine Industriestadt mit recht großer, im Krieg mäßig zerstörter Altstadt. Anfang 2015 besuchte ich hier die Kunsthalle, Veranstaltungsort der Triennale Schweinfurt (Thema `Gott und die Welt´) und die Spitzweg-Sammlung des Georg-Schäfer-Museums. Was mir bei diesem Besuch auffiel, war ein riesiges Denkmal am Marktplatz für eine Person, die ich bis dahin nicht kannte: Friedrich Rückert, in Schweinfurt geborener Dichter, Orientalist und Übersetzer. Später hatte ich eine Kollegin, die weitläufig mit ihm verwandt war und einmal schickte ich ihr dann ein Rückertgedicht. Friedrich Rückert reimte übrigens zu Schweinfurts Namen:

Kann man eine Stadt erbauen,
um den Namen dann ihr zu geben
den mit Grauen man nur nennen kann?
Hättest Mainfurt, hättest Weinfurt, weil du führest Wein,
heißen können; aber Schweinfurt, Schweinfurt soll es sein!

❖ Marktbreit

Einmal war ich in Marktbreit, einer kleinen Stadt am Main. Dort gibt es den unglaublich pittoresken Malerwinkel, wo ein rot-gelbes Fachwerkhaus mit sehr schmalem Sockel sozusagen halb auf einer Mauer sitzt und ein bisschen in einen Stadtbach hineinragt. Dahinter ist eine überbaute Brücke zu sehen. Doch ich vergaß völlig das Geburtshaus eines berühmten Arztes zu besuchen: sein Name Alois Alzheimer (1864-1915).

❖ Iphofen

Eine überraschend hübsche Kleinstadt ist auch Iphofen. Kommt man hier mit dem Zug an, sieht man das riesige Werk des Baumaterialienherstellers Knauf. Das Familienunternehmen Knauf hat weltweit 35000 Beschäftigte, achtmal mehr als Iphofen Einwohner hat. Knauf trägt finanziell auch zur Erhaltung der Iphofener Altstadt bei, was ihren guten Sanierungszustand teilweise erklärt. Iphofen hat mehrere historische Stadttore, aber keines ist so pittoresk wie das Rödelseer Tor mit seinem spitzen Mittelturm und der Sandstein-Fachwerk-Fassade. Mehrere Minuten brauche ich, bis ich es optimal abgelichtet hatte und nach dem Posten bekam es zahlreiche Likes.

❖ Miltenberg

Einmal kam ich nachts mit dem Zug in Miltenberg an und fand die Stadt in der nächtlichen Beleuchtung sehr ansprechend. Ich dachte an den Reiseschriftsteller Horst Krüger (1919-1999), den ich in meiner Jugend gerne gelesen hatte. Er lebte seit 1967 in Frankfurt und schrieb ganz begeisterte Berichte über Mainfranken. Miltenberg beschreibt er als mittelalterliches Städtchen, wie man es höchstens aus Hollywood-Filmen kennt. Spitzgiebelige, Fachwerkhäuser mit vielen Erkern und Türmchen geschmückt.

❖ Haßfurt

Die unterfränkische Stadt Haßfurt in den Haßbergen hatte für mich nie einen guten Klang. Einmal besuchte ich die Stadt und war überrascht, wie schön sie ist. Vor allem das Alte Rathaus, das Bamberger Tor und die Stadthalle machen was her. Als ich Bilder im Internet unter Hassfurt postete, meldete sich eine Lektorin aus Nürnberg, Haßfurt geschrieben, würde es doch gleich viel besser aussehen.

❖ Mellrichstadt

Mellrichstadt ist eine winzige unterfränkische Kleinstadt kurz vor der Landesgrenze zu Thüringen. Einst Zonenrandgebiet, liegt Mellrichstadt heute nahe der geographischen Mitte der EU. Die Stadt macht auf mich bei einem Besuch im Mai 2020 einen angenehmen Eindruck. Ein gemütlicher, von Grünflächen umsäumter Weg führt vom Bahnhof in die Innenstadt. Dabei kommt man am Rande der Altstadt an einem Denkmal für den hier geborenen Philosophen und Mediziner Martin Pollich (1452-1513) vorbei, Gründungsrektor der Universität Wittenberg. Geht man durch die Altstadt durch und zur Streu runter, entdeckt man malerische Partien mit alten Mühlen, dem Fluss, einem Grünzug und der auf einem Landrücken gelegenen Altstadt, die von einer Stadtmauer umgeben ist.

❖ Münnerstadt

Julius Echter von Mespelbrunn (1545-1617), Bischoff von Würzburg sagte einst über Münnerstadt: *In Franken nicht die geringste bist, du Münnerstadt zu dieser Frist.* Über die wohlhabende Stadt hieß es früher auch `*Mürscht hat´s Geld´*. Als ich im Mai 2020 Münnerstadt besuche ziehen zwei Stadttore mit sehr hohen Türmen meine Aufmerksamkeit auf sich, das Jörgentor und das Obere Tor. Ich komme an einer Kirche vorbei, deren Portal offensteht, doch ich strebe den Türmen zu, die aber nicht von Innen besichtigt werden können. Dabei verpasse ich die Hauptsehenswürdigkeit der Stadt: den Riemenschneider-Altar in der Kirche St. Maria Magdalena. Lange waren die Münnerstädter mit dem Altar nicht zufrieden, er wurde zerlegt und viele Teile verschwanden in alle Welt. Originalteile ergänzt durch Kopien sind jedoch wieder zurückgekehrt. Auf der Rückseite der Altarflügel zudem die einzigen Gemälde des berühmten Nürnberger Bildhauers Veit Stoß. Wie konnte ich das nur verpassen? Ich muss da nochmal hinfahren.

❖ Kitzingen

Als ich im Sommer 2015 Kitzingen besuche, muss ich daran denken, dass die Stadt bis dahin den deutschen Hitzerekord von 40.3 C hielt (erst im Sommer 2019 wurde der Wert von anderen Orten übertroffen). Weil Kitzingen an einem verkehrlich wichtigen Punkt liegt, hier kommen eine Eisenbahnfernstrecke, eine Fernverkehrsstraße und der Main zusammen, wurde die Stadt im Zweiten Weltkrieg stark bombardiert und verlor 35% ihrer Gebäude. Die Innenstadt hat deshalb nicht ganz die Geschlossenheit von anderen fränkischen Fachwerkaltstädten, ist jedoch dennoch sehenswert. Was die Altstadt attraktiv macht, ist die direkte Lage am Main, so dass man auf der Alten Mainbrücke direkt auf die Innenstadt zugehen kann.

❖ Ochsenfurt

Nicht weit von Marktbreit das ebenfalls schöne Ochsenfurt. Bei einem Besuch im Jahre 2014 gefällt mir die Altstadt. Doch in Hörweite, vor allem am Stadtgraben, brettern Fernzüge so laut vorbei, dass ich denke, Schade um den Ort.

❖ Rothenfels

Rothenfels hat nur 1000 Einwohner und ist damit die kleinste Stadt Bayerns. Rothenfels hat in der Altstadt jedoch eine Fachwerkstraße mit geschlossenem historischen Baubestand, die Hauptstraße und das macht den Ort trotz der geringen Größe sehenswert.

❖ Bad Kissingen

Ein amerikanischer Witz über deutsche Ortsnamen behauptet, in Deutschland gäbe es einen Ort, der *Bad Kissing* hieße. So lasen den Ortsnamen wohl amerikanische Soldaten, die in der Nähe stationiert waren. Bad Kissingen gehört zu den bekanntesten und bedeutendsten deutschen Kurstädten. Trotzdem war ich hier erst einmal und die Stadt hat mich, wie viele andere Kurstädte auch, vielleicht wegen der entspannten aber eben nicht aufregenden Atmosphäre, nicht richtig beeindruckt.

❖ Dettelbach

Dettelbach hat keinen Bahnanschluss. Einmal ließ ich mich von Kitzingen hierherbringen, weil die Stadt auf der Quermania-Liste der sehenswertesten bayerischen Städte zu finden war. Von der hübschen Stadt blieb mir eigentlich nur das spätmittelalterliche Rathaus und die gut erhaltene

Stadtmauer mit ihren vielen runden Türmchen in Erinnerung. Die Altstadt liegt etwas über dem Main, dieser tritt jedoch weniger hervor als etwa in Kitzingen.

❖ Sulzfeld

Sulzfeld hat nicht den offiziellen Status einer Stadt, wirkt aber mit seiner gut erhaltenen Stadtmauer, seiner kompakten historischen Bebauung und den engen Gassen sehr wie eine vom Mittelalter geprägte Kleinstadt. Hier wurde zudem die Meterbratwurst erfunden, eine 1 m lange Bratwurst für ganz Hungrige, die es auch in der 50 cm Ausführung gibt. Ich saß im Juni 2020 in einer Wirtschaft, die diese Wurst anbot, aber keiner hat sie bestellt. Als ich ein Bild eines schiefwinkligen Hauses der Altstadt poste, sind etliche Kollegen hingerissen.

Veitshöchheim

Veitshöchheim ist ein angenehmer Vorort von Würzburg, der sogar mit einem Schloss aufwarten kann. Zeitweise spielte die Stadt in der politischen Landschaft Bayerns eine bestimmte Rolle. Denn der CSU-Politiker Markus Söder tat sich hier auf den Prunksitzungen des Fränkischen Fastnacht-Verbandes mit aufwendigen Verkleidungen hervor, zum Beispiel 2014 als knallgrüner Shrek.

Königsberg (in Bayern)

Bei Königsberg denkt man an Kant und Ostpreußen, aber auch in Bayern gibt es mit dieser kleinen Fachwerkstadt, die leider keinen Bahnanschluss hat, eines. Königsberg wird auch, seltsam klingend, *Perle der Hassberge* genannt.

Lohr

Lohr ist eine industriestarke Stadt am Main und am Rande des Spessarts gelegen. Die fachwerkreiche Altstadt bietet ein dichtes und geschlossenes historisches Bild. Der Lohrer Apotheker Karl Heinz Bartels (1937-2016) begann in den 1980er Jahren Verbindungen zwischen dem Märchen Schneewittchen und Örtlichkeiten in und um Lohr herzustellen. Die Stadt übernahm dies in ihr Tourismuskonzept und bald wurde Lohr zur Schneewittchen-Stadt. Vor der Stadthalle wurde im Jahr 2014 eine Schneewittchen-Figur des Bildhauers Peter Wittstadt aufgestellt. Doch dieses zerzauste Schneewittchen war für viele nicht die schönste Figur im Lande und löste Kontroversen aus. Die Figur wird immer wieder besprüht.

Bad Neustadt an der Saale

Als ich im Mai 2020 Bad Neustadt besuche, beeindruckt mich die Stadt überhaupt nicht. Die Innenstadt liegt weit weg vom Bahnhof und man muss eine stark befahrene Hauptstraße entlang gehen. Der Marktplatz der Stadt ist wenig atmosphärereich, es fehlt an bedeutender Architektur. Immerhin gibt es eine gut erhaltene Stadtmauer. Doch der kiesige Weg blockiert die Räder meines Trolleys und ich muss diesen mühsam hinter mir herziehen. Das einzige Highlight: am Alten Amtshaus am Rande der Innenstadt eine Gedenktafel für Margarethe Lindemann. Die Mutter Martin Luthers wurde in Neustadt an der Saale geboren.

Klingenberg

Das besondere an Klingenberg am Main ist, dass die rechtsmainischen Stadtteile an den Spessarthängen liegen, die linksmainischen jedoch an den Odenwaldhängen. Klingenberg ist winzig. Als ich im Spätsommer 2015 die kleine Stadt besuche, fällt mir die kompakte von rotem Sandstein geprägte Altstadt auf. Alles jedoch zwischen Verkehrsachsen ein bisschen eingeklemmt und schattig mit wenig Leben und begrenzten Einkaufsmöglichkeiten. Über der Stadt die Clingenburg.

Zeil am Main

Ganz im Osten Unterfrankens liegt Zeil am Main. Was mir von einem Stadtbesuch im Jahr 2015 in Erinnerung blieb ist der pittoreske Marktplatz mit den Fachwerkhäusern und der Stadtpfarrkirche St. Michael. Einen solchen schieferbedeckten Fünfknopfturm (mit vier Seitentürmchen) sieht man in Oberfranken öfters.

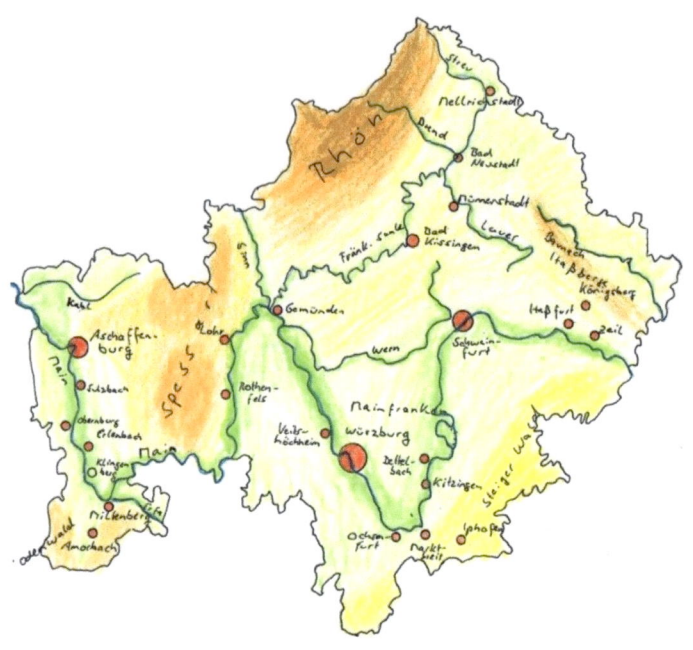

In Unterfranken besuchte Städte: 21

<u>Top-100 Städte Bayern (Top 10 der Region fett):</u>

Würzburg, Aschaffenburg, Miltenberg, Marktbreit, Mellrichstadt, Münnerstadt, Iphofen, Haßfurt, Schweinfurt, Kitzingen, Ochsenfurt, Rothenfels, Bad Kissingen, Dettelbach, (Sulzfeld).

<u>Andere besuchte Orte</u>
(Bürgstadt), Bad Neustadt an der Saale, Erlenbach, Haßfurt, Karlstadt, Klingenberg, Lohr, Wörth am Main, Veitshöchheim, Zeil.

2. Mittelfranken

Mittelfranken ist arm an landschaftlichen Höhepunkten, aber reich an sehenswerten kleinen Fachwerkstädten. Mit Nürnberg gibt es zudem auch eine sehenswerte Großstadt, Die Städte, welche mir in Mittelfranken am besten gefallen, sind Nürnberg, die Residenzstadt Ansbach, die kleinen Touristenstädte Rothenburg und Dinkelsbühl sowie als Geheimtipp das in seiner historischen Bausubstanz gut erhaltene Fürth. Am häufigsten war ich bisher in Nürnberg, mindestens 30x, mindestens 3x war ich bereits in Fürth, Erlangen und Ansbach. 2x war ich in Dinkelsbühl, Rothenburg und Roth.

<u>10 Städte, welche mich am meisten beeindruckten</u>

❖ Nürnberg

Nürnberg wurde einst *Schatzkästlein des Deutschen Reiches* genannt. Im Zweiten Weltkrieg wurde die Innenstadt so stark zerstört, dass es Pläne gab, die Stadt an anderer Stelle wiederaufzubauen. Doch der Wiederaufbau erfolgte anhand der alten Grundrisse, und teilweise mit traditionellem Sandstein. Auch wurden die wichtigsten historischen Gebäude und manches Fachwerkhaus wiederaufgebaut. Auch das Dürerhaus unweit der Burg, aber man leidet fast mit der Stadt, dass in Nürnberg kein einziges Bild Albrecht Dürers (1471-1528) hängt. Immerhin kann man Dürers Grab auf dem Johannisfriedhof in Nürnberg besuchen und als ich das im Dezember 2019 mache, stoße ich wenige m entfernt auch noch auf das Grab des Malers Anselm Feuerbach. Der Bildhauer und -schnitzer Veit Stoß ist hier ebenfalls begraben, aber für sein Grab hatte ich keine Zeit mehr, mein Zug ging bald und ich musste zum Bahnhof sprinten. Dabei läuft man an der Stadtmauer entlang, sieht

rechterhand das Opernhaus und schließlich das Muschel-
kalkmastodon Hauptbahnhof. Im Sommer 2020 besuche ich
einen Literaturwettbewerb des pegnensischen Blumen-
ordens im Irrhain im Norden Nürnbergs und entdeckte dort
den Krafthof und authentische Dorfkerne.

❖ Fürth

Fürth ist eine Art Geheimtipp. Ein aus Franken kommender
Kommilitone hatte immer gemeint, in der Stadt gäbe es so
viele gut erhaltene alte Straßenzüge. In der Ausgabe
Deutschland Österreich Schweiz von *1000 Places to See
Before You Die* wird Fürth, anders als etliche bekanntere
Städte, ebenfalls als sehenswert aufgeführt. Im Sommer
2019 beschließe ich, mir das nochmal genauer anzuschauen.
Denn bisher sah ich Fürth so wie die Rivalen in der
Nachbarstadt: das Beste an Fürth ist die U-Bahn nach
Nürnberg. Diese verläuft teilweise auf der Trasse der ersten
deutschen Eisenbahnlinie, die Nürnberg ab 1835 mit Fürth
verband. Erst lief ich nach Osten zur Willi-Brandt-Anlage,
und dann zum Stadtpark, fand aber an beiden Stellen nichts

Besonderes. Die Pegnitz entlang wieder Richtung Nordwesten. Und als ich Richtung Innenstadt bog, steht plötzlich dieses historische Theater des Büros Fellner&Helmer vor mir. Von dort weiter Richtung Norden und man kommt durch beschauliche Straßen und Plätze und sieht abwechslungsreiche Fassaden, mit verschiedenen Kombinationen von Sandstein, Schiefer und Fachwerk. Hier ist Fürth wie eine Stadt sein soll: an jeder Ecke kleine Überraschungen. Auch ein Klein-Jerusalem gab es hier Mal. Geht man die Fußgängerzone Schwabacher Straße Richtung Süden, wird das Bild wieder einheitlicher. Hier stößt man auf ein Museum für den aus Fürth stammenden Bundeskanzler Ludwig Erhard (1897-1977). Zumindest hat man hier das Gefühl, ein Beispiel zu sehen, wie größere deutsche Städte wohl vor dem Krieg ausgesehen haben. Nürnberger spotten zwar, *lieber Fünfter als Fürther*, aber was die Geschlossenheit historischer Architektur betrifft, hat eindeutig Fürth die Nase vorn.

❖ Rothenburg ob der Tauber

In Rothenburg war ich erst zweimal. Beim ersten Mal Ende der 1980er Jahre fielen mir die Spendentafeln an der Stadtmauer auf, besonders auch die vielen japanischen und amerikanischen Spender. Beim zweiten Mal im Winter 2015 war ich von den Lichteffekten der Stadt positiv überrascht. Nur wenige Gebäude waren beleuchtet und kamen deshalb besonders zur Geltung. Die ganze Stadt wirkte irgendwie geheimnisvoll und ursprünglich. Und natürlich ließ ich mir den tausendfach fotografierten Plönleinblick nicht entgehen.

❖ Dinkelsbühl

Im nur per Bus erreichbaren Dinkelsbühl war ich erst zweimal. In den letzten Jahren war meine Neugier auf die

Stadt immer größer geworden, denn viele Taxifahrer, die ich in Bayern fragte, was denn die schönste Stadt sei, die sie jemals gesehen hatten, antworteten mit Dinkelsbühl. Im Dezember 2019 kam ich hier erst spät an. Die Stadt war bei Ankunft schon dunkel, aber atmosphärisch beleuchtet. Am nächsten Tag fielen mir die bunten Fassaden, die Stadtmauer und ihr entlang die vielen kleinen Gewässer auf. Dinkelsbühl eine perfekt erhaltene mittelalterliche Kleinstadt ohne Bausünden. Jedoch einen Tick weniger spektakulär als Rothenburg, aber auch weniger von Touristen überlaufen.

Dinkelsbühl liegt übrigens direkt auf der schwäbisch-fränkischen Dialektgrenze. Man sagt deshalb auch *in Dinkelsbühl kann man unterm Tor eine Kuh mit dem Schweif aus Schwabenland ins Frankenland schleudern.*

❖ Ansbach

Eine überraschend sehenswerte Stadt ist Ansbach, die Hauptstadt von Mittelfranken. Kommt man vom Bahnhof, stößt man schnell auf den Hofgarten mit der Orangerie und ein paar Schritte weiter schon auf die beeindruckende ehemalige Residenz der Markgrafen zu Brandenburg-Ansbach. In der Innenstadt überraschend ein Kaspar-Hauser Denkmal. Kaspar Hauser lebte seit 1830 in der Stadt und wurde im Jahre 1833 im Hofgarten ermordet, worauf heute ein Gedenkstein hinweist. Hauser ist in Ansbach begraben. Auf dem Grabstein (auf Lateinisch) ist zu lesen `hier ruht Kaspar Hauser, ein Rätsel seiner Zeit, unbekannt die Geburt, geheimnisvoll die Umstände seines Todes´.

❖ Wolframs-Eschenbach

Von Ansbach reiste ich bei meinem vorletzten Besuch nach Wolframs-Eschenbach, eine kleine sehenswerte Fachwerkstadt und einer der seltenen Fälle, wo eine Stadt umbenannt wurde, um an einen Dichter zu erinnern. Bis 1917 hieß der Ort Obereschenbach. Wolfram von Eschenbach (1160-1220), ein bedeutender Dichter und Minnesänger des Mittelalters, wurde hier geboren. Parzival ist mit 25000 Versen sein bedeutendstes Werk. 1860 wurde in der Kleinstadt ein Denkmal für den Dichter aufgestellt.

❖ Hilpoltstein

Hilpoltstein ist ein putziges mittelfränkisches Städtchen, an dem irgendwie alles stimmt. Der gemütliche Kopfbahnhof ist nicht weit von der Innenstadt. Dorthin führt ein Weg an einem Steingarten vorbei und durch eine Grünanlage bis zur Stadtmauer, die man fast ganz entlanglaufen kann. Es gibt ein schönes Fachwerkrathaus, Sandsteinfassaden, Barockkirchen und sogar eine Burg über der Stadt. Klein, aber irgendwie alles vorhanden.

❖ Weißenburg

In Weißenburg war ich nur ein einziges Mal, und das ist lange her, in den 1980ern, als ich in München studierte. Ich kann mich noch vage an eine gut erhaltene sehenswerte Altstadt und das Sandsteinrathaus erinnern. Weißenburg ist für seine römische Gründungsgeschichte bekannt, hier stand einst ein römisches Kastell.

❖ Pappenheim

Man kennt seine Pappenheimer, zumindest seit Schiller dies Wallenstein in den Mund gelegt hat. Aber wer kennt die Stadt Pappenheim? Im Jahr 2014 besuchte ich diese hübsche mittelfränkische Kleinstadt. Das Pappenheimerlebnis fängt für einen Bahnfahrer gut an. Eine Lindenallee führt vom Bahnhof in die Innenstadt. Zudem sieht man auf einer Wiese neben der Allee eine originale Weidenkirche. Die kleine, aber architektonisch vielfältige historische

Altstadt bietet Fachwerkhäuser, ein Altes Schloss im Renaissancestil, ein klassizistisches Neues Schloss und sogar eine Burg. Schade, wenn man Pappenheim nicht kennt.

❖ Heilsbronn

Auf dem Weg von Nürnberg nach Schwäbisch Hall finde ich eine Fahrplanlücke, die mir erlaubt, noch in Heilsbronn Halt zu machen. Ein s mehr und wesentlich schöner als Heilbronn. Der eindrucksvolle Katharinenturm, das Münster, das Zisterzienserkloster, die Fachwerkhäuser – die architektonische Substanz ist hier reicher als erwartet.

Auffallend auch, das große Prinzregentendenkmal in der Innenstadt. Ich meine, so etwas würde man in oberbayerischen Kleinstädten seltener sehen. Vielleicht hängt dies mit der Tatsache zusammen, dass Franken, mit seiner komplexeren Geschichte und seinen starken Städten erst mit Napoleon zu Bayern gekommen ist. Mit dem Denkmal wollte man vielleicht die Verbundenheit mit dem bayerischen Staat demonstrieren. Tatsächlich war die Verwaltung Bayerns lange von Franken geprägt. Hier sprach man besseres Deutsch, die Franken waren preußischer und besser organisiert als die Südbayern.

Auf dem Weg zum Bahnhof etwas, was ich hier zum ersten Mal sehe. Ein altes Postamt, das in eine Moschee umgewandelt wurde.

Weitere Städte in den Top 100

❖ Herzogenaurach

Mit großen Erwartungen komme ich im Sommer 2018 nach Herzogenaurach. Die Fachwerkaltstadt mit ihren zwei mittelalterlichen Türmen, dem Fehnturm mit seinen zwei Seitentürmchen und der Türmersturm machen auf Bildern viel her. Auch in Wirklichkeit sind sie schön, aber irgendwie hat man das Gefühl, so viel mehr gibt's hier auch nicht zu sehen. Vielleicht flasht einen die Stadt mehr, wenn man zusätzlich noch die Factory-Outlets von Adidas und Puma besucht. Beide Firmen, die auf die Brüder Dassler zurückgehen, haben in der Stadt ihren Hauptsitz und zusätzlich der Autozulieferer Schäffler AG.

❖ Lauf an der Pegnitz

Lauf ist ein Beispiel für eine sehr gut erhaltene historische fränkische Kleinstadt. Am Markt Sandsteinfassaden, Fachwerkhäuser, ein Altes Rathaus und auf jeder Seite ein gut erhaltenes Stadttor. Viel mehr an fränkischer Postkartenidylle geht kaum.

❖ Cadolzburg

Anders als Erlangen hat mich der Markt Cadolzburg gleich beim ersten Besuch angesprochen. Die Burg hat etwas so Ursprüngliches, dass man sich ins Mittelalter zurückversetzt sieht. Der Marktplatz mit seinen Fachwerkhäusern und dem Brusela-Tor ist ebenfalls historisch putzig. Ensembles ohne Nachkriegsbausünden. Cadolzburg, klein, aber sehenswert.

❖ Schwabach

Nur ein einziges Mal habe ich bisher diese große Mittelstadt vor den Toren Nürnbergs besucht. Viele Fachwerkhäuser, besonders am Marktplatz und mit höheren Giebeln als in kleineren Städten. Am Fachwerkrathaus eine Besonderheit: das Ecktürmchen hat ein goldenes Dach. Schwabach war einst ein Weltzentrum der Goldschläger. das Handwerk der Erstellung von Blattgold. Noch heute gibt es Goldschläger-betriebe in der Stadt und in der Innenstadt findet sich zudem ein Goldschlägerdenkmal.

❖ Merkendorf

Von Ansbach nach Wolframs Eschenbach unterwegs bitte ich die Taxifahrerin, einen Stopp in Merkendorf zu machen. Das ist eine Kleinstadt, die ich bisher nicht kannte, die sich jedoch als sehenswert erweist. Die Stadtmauer mit ihren runden spitzen Türmchen erinnert einen an Rothenburg oder Nürnberg.

Andere Orte

Erlangen

Anders als Fürth hat mich Erlangen nie beeindruckt. Die Stadt wirkt etwas zu geradlinig, flach und fade. Topographisch gibt es keine Highlights, weder Hügel noch Gewässer. Auch architektonische Highlights oder eine gemütliche, verwinkelte Fachwerkaltstadt fehlen. Manche meinen auch, Erlangen liege auf dem Firmengelände von Siemens, so wichtig ist die Firma für die Stadt. Es kann sein, dass die Stadt besser wird, wenn man ihre Geheimnisse genauer erkundet hat. Mir ist das bisher noch nicht gelungen.

Roth

Roth und Schwabach sind Rivalen. Roth ist jedoch kleiner und sein Marktplatz weniger beeindruckend. Es herrschen einfache Putzfassaden vor, Fachwerkhäuser gibt es nur wenige. Ein Highlight in Roth ist jedoch das Schloss Ratibor. Im Schlosspark ein Denkmal für Joseph Freiherr von Eichendorff (1788-1857). Der wurde im schlesischen Ratibor (Raciborcz) geboren. Das Schloss wurde vom Margraf von Brandenburg-Ansbach mit Einnahmen aus dem Doppelfürstentum Oppeln-Ratibor finanziert und deshalb entsprechend benannt. Der Schlesier Eichendorff war zwar nie in Roth, die Namensgleichheit des Schlosses mit seiner Geburtsstadt Ratibor genügte jedoch als Grundlage für das Denkmal. Wie in Heilsbronn fällt zudem ein Prinzregentendenkmal auf. Nicht sicher, hier schon gewesen zu sein, besuche ich Roth im Sommer ein zweites Mal und denke, als ich den langen Weg vom Bahnhof in die Stadt laufe, `How many Roths must a man walk down…´

Ellingen

Im Sommer 2015 besuche ich die winzige ehemalige Residenzstadt Ellingen (weniger als 4000 Einwohner). Was mir im Gedächtnis bleibt, ist das riesige gelb-weiße Residenzschloss. Auch das recht repräsentative Rathaus sticht aus der Kleinstadtatmosphäre heraus.

Neustadt an der Aisch

Nur ein einziges Mal war ich bisher in Neustadt an der Aisch. Es war Winter, die Tage bereits kurz, und als ich ankam, war es dunkel und die Geschäfte geschlossen. Die Innenstadt wirkte aufgeräumt und passabel, jedoch auch unspektakulär. Das einzige Gebäude, welches mir in Erinnerung blieb, ist das Nürnberger Tor am Rande der Altstadt. Das habe ich damals fotografiert und in seiner abendlichen Beleuchtung im Internet gepostet.

Gunzenhausen

Gunzenhausen macht eigentlich nicht viel her, doch immerhin gibt es jetzt dort den Altmühlsee mit der Seepromenade. So hörte ich es von Taxifahrern immer wieder. Aber ein bisschen Altstadt gibt es doch, mit ein paar Fachwerkhäusern und mehreren Türmen der mittelalterlichen Stadtmauer, so den Färberturm.

Uffenheim

Fast hätte ich Uffenheim in die Liste der Top 100 Städte Bayerns aufgenommen. Denn in der Innenstadt gibt es Kirchen, Tore, Schlösser, Fachwerkhäuser und sogar einen idyllischen Malerwinkel. Auch einen sehr interessanten Brunnen gibt es, der wichtige Gebäude/Städte und Persönlichkeiten Deutschlands und der Länder der drei Uffenheimer Partnerstädte (Frankreich, Italien, Polen) zeigt. Alle Partnerstädte (Égletons, Pratovecchio und Kolbudy) sind etwa 950-1000 km von Uffenheim entfernt. In Uffenheim ist es jedoch ein sehr langer Fußmarsch vom Bahnhof ins Stadtzentrum. Im Stadtzentrum fehlen Fachgeschäfte, eine belebte Fußgängerzone gibt es auch nicht. Uffenheim wirkt bei meinem Besuch im Dezember 2021 ein wenig verschlafen, eine Landstadt mit geringer Zentralität.

Würzburger Tor

28

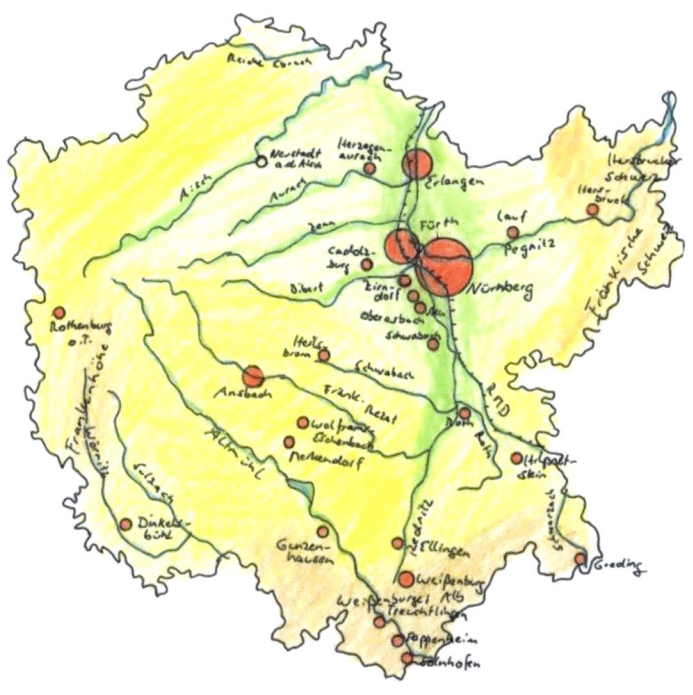

In Mittelranken besuchte Städte: 22

Top-100 Städte Bayern (Top-10 der Region fett):

Nürnberg, Fürth, Ansbach, Rothenburg, Dinkelsbühl, Hilpoltstein, Weißenburg, Pappenheim, Heilsbronn, Wolframs-Eschenbach, Herzogenaurach, Lauf, Cadolzburg, Schwabach, Merkendorf.

Andere besuchte Orte:

(Cadolzburg), Fürth, Gunzenhausen, Hersbruck, Lichtenau, Merkendorf, Neustadt an der A., Oberasbach, Roth, Schwabach, Stein, Treuchtlingen, Zirndorf.

3. Oberfranken

Oberfranken ist ein kleiner Regierungsbezirk ohne große Städte, jedoch reich an bedeutenden Mittelstädten. Einst an der Zonengrenze peripher gelegen und teilweise durch raues Klima geprägt (Bayerisch Sibirien), ist vor allem der westliche Teil der Region durch die ICE-Schnellfahrstrecke Berlin-München jetzt mit einem Halt in Coburg und Bamberg deutlich besser an den Fernverkehr angebunden. Im Bezirk gibt es die UNESCO-Welterbestadt Bamberg und mit Bayreuth und Coburg zwei weitere sehenswerte Städte. Daneben haben mich noch die Städte Kronach und Seßlach beeindruckt. Am häufigsten, zwischen 5x und 10 x war ich bisher in Bamberg, Hof und Coburg. In Bayreuth war ich bereits viermal, in Lichtenfels dreimal. In den anderen besuchten Orten war ich bisher erst ein einziges Mal.

<u>10 Städte, welche mich am meisten beeindruckten</u>

❖ **Bamberg**

Bamberg wird wegen seiner vielen Kirchen auch *fränkisches Rom* genannt. Die riesige Altstadt, das pittoreske Rathaus, die Lage an zwei Regnitzarmen und auf sieben Hügeln begeistern viele Besucher. Zudem hat Oberfranken, auch *Bierfranken* genannt, die höchste Brauereidichte der Welt und besonders viele Brauereien gibt es um Bamberg herum. Entsprechend hoch ist auch die Kneipendichte der Stadt. Ich war bisher erst viermal in Bamberg und lange begeisterte mich die Stadt nicht richtig. Die Altstadt liegt einfach ein bisschen weit vom Bahnhof entfernt und man muss eher mittelmäßige Gebiete durchqueren, bevor man dort ankommt. Bei meinem letzten Besuch stimmte jedoch alles, das Wetter war herrlich, ich sah den Dom und den

Bamberger Reiter, das Rathaus zeigte sich von seiner besten Seite und ich war zufrieden.

Altes Rathaus

❖ Bayreuth

Zwei Dinge fragte ich mich immer in Bezug auf Bayreuth. Ob es jemals mit Beirut verwechselt wird und wie Wagner eigentlich auf die Stadt kam. Für beides gibt es Antworten aus der Opernwelt. Einmal soll ein Teil eines mechanischen Drachens, den sie in England für Bayreuth bestellt hatten, versehentlich nach Beirut (Französisch Beyrouth) geliefert worden sein. Und Richard Wagner kam deshalb auf Bayreuth, weil er vom dortigen Opernhaus in einem Lexikon gelesen hatte. Er dachte, die beschauliche Stadt wäre für seine Werke ein ruhigerer Platz als München. Das vorhandene Barockopernhaus entsprach jedoch nicht seinen Vorstellungen. So ließ er ein neues nach seinen Wünschen erbauen, das heutige Festspielhaus. Bayreuth hat deshalb heute sogar zwei Opernhäuser, das markgräfliche wurde bis 2018 aufwändig saniert und findet sich auf der UNESCO-Welterbeliste. Beide Häuser zählen jedoch nicht als Opernhäuser im engeren Sinne, da sie über kein eigenes Ensemble verfügen. Ansonsten gibt es in der Stadt noch ein Schloss und eine mäßig atmosphärische Altstadt. Bayreuth eine interessante Stadt, die andererseits nicht die durch-gehende Stimmigkeit kleinerer Touristenstädte hat. Hier ist die Welt auch nicht ganz so beschaulich, wie man vermuten würde. Aus dem nahen Tschechien schwappt so viel Crystal Meth über die Grenze, dass Bayreuth den Beinamen *Kristallstadt* hat

❖ Coburg

Bei Coburg bin ich mir nie sicher, ob es zu den Top Städten zu rechnen ist. Die Altstadt ist schön, aber nicht ganz so atmosphärisch wie in kleineren fränkischen Städten. Eigent-lich ist Coburg ja auch keine fränkische Stadt. Geschicht-lich gehörte es zum Fürstentum Sachsen-Coburg und kam erst 1920 zu Bayern. Deshalb gibt es hier auch ein Schloss und ein relativ großes Opernhaus und weil Sachsen-Coburg viele Königshäuser in Europa bestückte, wurde Coburg einst auch heimliche Hauptstadt Europas genannt. Bahnmäßig ist Coburg durch die Schnellfahrstrecke Berlin-München seit Dezember 2017 viel besser angebunden.

❖ Hof

Hof war einst eine wichtige Textilstadt, *bayerisches Manchester* genannt. Mit der Teilung Europas kam es in eine Randlage und wurde Teil eines strukturell schwächeln-den Raumes. Als ich in München studierte, war Hof für mich eine Stadt in *Bayerisch Sibirien*, auch klimamäßig, kurz vor der Zonengrenze gelegen. Als die Grenze dann aufging, kam ich mehrmals nach Hof, zumindest bis zum riesigen Bahnhof mit seiner repräsentativen Bahnhofshalle. Die Stadt lag nun zentraler. Statt *In Bayern ganz oben* sagten nun manche scherzhaft *In Sachsen ganz unten*.

Weil die Zonenrandförderung wegfiel, aber nun jenseits der Grenze Fördermittel flossen, meinten manche aus der Region, das sächsische Plauen würde jetzt immer mehr als Einkaufsstandort an Hof vorbeiziehen. So eindeutig war dies aus meiner Sicht jedoch nicht zu erkennen. Später fing ich dann an, Kinos zu sammeln und da musste ich natürlich auch zu den Filmfestspielen nach Hof. 1967 vom Hofer Heinz Badewitz initiiert, starb dieser im März 2016 bei der Vorbereitung für das 50. Jubiläumsfestival. Im Herbst 2017 schaffte ich es endlich in die Stadt und hier im Norden Bayerns auf 500 Meter Höhe herrschten Anfang November bereits empfindlich kühle Temperaturen. Ein Jahr später war ich nochmal hier, um eine Oper zu besuchen und freute mich über das Goethezitat am überdachten Weg zur Oper.

❖ Kronach

An einem Wintertag des Jahres 2013 nehme ich den Zug von Berlin nach Nürnberg und steige in Kronach aus. Ich finde eine überraschend attraktive, wenn auch wenig belebte Kleinstadt vor, mit gut erhaltener Altstadt, geprägt von Sandstein, aber auch Schiefer- und Fachwerkfassaden. Ich gehe zur beeindruckenden Festung Rosenberg hoch und denke, wow, das ist ja fast ein kleines Nürnberg. Mit Kronach assoziiere ich den ums Überleben kämpfenden Fernsehgerätehersteller Loewe und den Renaissancemaler Lucas Cranach der Ältere (1472-1553), der dort geboren wurde und dessen Namen sich von Kronach ableitet.

❖ Kulmbach

Kulmbach gilt als heimliche Bierhauptstadt Bayerns und als ich die Stadt Ende Juli 2015 besuche, steht in der Innenstadt tatsächlich ein gut gefülltes Bierzelt, denn es ist die Zeit des Kulmbacher Bierfestes. Mir fällt die gelbe Rokokofassade des Kulmbacher Rathauses auf und die davor gelagerten Bierfässer. Leider reicht die Zeit nicht, die Plassenburg zu besuchen, Top-Sehenswürdigkeit Kulmbachs. Während ich zurück zum Bahnhof gehe, muss ich an den TV-Entertainer Thomas Gottschalk denken, der in Kulmbach aufgewachsen ist.

❖ Bad Staffelstein

In Bad Staffelstein ist der Mathematiker Adam Ries geboren, und zwar in einem Haus neben dem Rathaus. Dort, wo das Haus stand, befindet sich heute die Raiffeisenbank und deshalb können sie dort so gut rechnen, meinte ein Einheimischer. Am Rathaus ist ein Adam Riese-Relief des Bildhauers Karl Potzler angebracht. Als ich dieses fotografiere, gesellt sich ein touristisches Pärchen dazu. Sie lesen die Lebensdaten von Ries (1492-1559) auf der Tafel und der Mann schlussfolgert messerscharf: Schau, der ist ja 88 Jahre alt geworden. Das ist nicht nach Adam Riese und man meint zu hören, wie sich jemand gerade im Grab umdreht. Schnell korrigiert sich der Mann. Gegenüber dem hübschen Fachwerkrathaus die Wirtschaft Adam Riese. An dem Gebäude eine weitere Gedenktafel: hier wurde 1847 der Pädagoge Johan Baptist Schubert geboren.

❖ Forchheim

Ich hatte Forchheim lange nach Mittelfranken verortet, weil es so nahe am Ballungsraum Nürnberg-Fürth-Erlangen liegt. Bis ein dort wohnender Kollege mich aufklärte, nein das ist schon Oberfranken. Als ich Forchheim besuchte, fand ich eine überraschend attraktive Mittelstadt vor, mit sehenswertem Fachwerkrathaus.

☞Mit der Stadt ist in Bayern die aus dem Schrecken des Dreißigjährigen Krieges stammende Redewendung `*Aussehen wie der Tod von Forchheim*´ verbunden.

❖ Pottenstein (Tüchersfeld)

Der zur Stadt Pottenstein gehörende Flecken Tüchersfeld liefert mit einer Kombination von steil aufragender Felsentopografie und Fachwerk perfekte Postkartenmotive. Einmal fand ich mich selbst begleitet von meinem Bruder auf den Felsen herumkraxelnd. Der Kern von Pottenstein selbst liegt ebenfalls malerisch zwischen Jurafelsen. Auffallend im Ort die vielen Mineralienläden. Beim Steinkaufen komme ich schließlich auch zu Potte.

❖ Seßlach

Seßlach besuchte ich bereits in den 1980er Jahren im Rahmen einer geographischen Exkursion nach Oberfranken. Da ich damals in München wohnte, kam mir Seßlach sehr sehr winzig und wenig belebt vor, eher wie ein Dorf als eine Stadt. Damals war das hier Zonengrenze und von München aus betrachtet schien das fast am Ende der Welt zu sein. Der aus Oberfranken stammende Professor wollte uns jedoch mit einer perfekt erhaltenen fränkischen Kleinstadt beeindrucken, einem kleinen Rothenburg Oberfrankens. Für mich blieb Seßlach lange ein Inbegriff einer winzigen leblosen Stadt und ich muss unbedingt nochmal hinfahren, um mein Bild des Ortes zu revidieren.

❖ Lichtenfels

Lichtenfels hat eine Korbmacher-Tradition. Kommt man aus dem Bahnhof, sieht man am Bahnhofsplatz gleich einen riesigen Korb. Das Korbmotiv wird einen dann noch in der hübschen, architektonisch abwechslungsreichen Innenstadt, die man durch ein mittelalterliches Stadttor betritt, begleiten. Einst war Lichtenfels eine wichtige Bahnstation der Züge nach Berlin. Die Coburger mussten mit dem Nahverkehrszug bis Lichtenfels fahren und in die D-Züge umsteigen. Mit der ICE-Schnellfahrstrecke ist es heute umgekehrt.

Andere Orte

Hallstadt

Hallstadt kannte ich lange nur als österreichische Stadt, bis ich meine Sammlung von Oberfranken-Städten vervollständigen wollte und feststellte, dass sehr nahe bei Bamberg eine Kleinstadt mit Bahnanschluss zu finden ist. Vom

Bahnhof in die Innenstadt geht man einen kanalisierten Stadtbach entlang, der einen dann zum Marktplatz führt, welcher im Frühjahr 2020 gerade saniert wurde. Das könnte ein Schmuckstück werden, denkt man, zumal der Stadtbach auch noch einen Klein-Venedig-Winkel bildet.

Pegnitz

In Pegnitz war ich relativ oft, da ich einen Kommilitonen hatte, der aus Pegnitz kam und nach dem Studium dorthin zurückkehrte und den ich danach immer wieder besuchte. Pegnitz ist kein besonders spektakulärer Ort, hat aber dennoch einige kleinere Reize, so die Topographie mit dem markanten Schlossberg und eine protestantische Kirche. In Pegnitz entspringt zudem die Pegnitz, deren Quelle man im Stadtzentrum besuchen kann.

In Pegnitz gab es bei meinen ersten Besuchen noch als weitere Attraktion das 2007 geschlossene *Pflaums Posthotel*, ein Luxushotel, wo Größen wie Michael Jackson, Gorbatschow oder Andy Warhol übernachteten.

Schwarzenbach

Die kleine Stadt Schwarzenbach an der Saale (7000 Einwohner) ist nicht gerade reich an Sehenswürdigkeiten. Doch einen wichtigen Grund gab es für mich, im Herbst 2018, als ich die Hofer Filmfestspiele besuchte, hierhin einen Abstecher zu machen: das im Jahr 2015 eröffnete Erika Fuchs-Haus. Erika Fuchs (1906-2005) übersetzte fünf Jahrzehnte lang die Micky-Maus-Comics und schuf den spaßeshalber so genannten Erikativ (*Schluchz, Seufz, Raschel, Knatter* etc), auf den Wortstamm verkürzte Verben (Inflektive), was durchaus einen Einfluss auf die deutsche Sprache hatte und mich immer schon beeindruckte. Das entsprechende Museum musste ich mir also unbedingt mal anschauen und es lohnte einen Besuch.

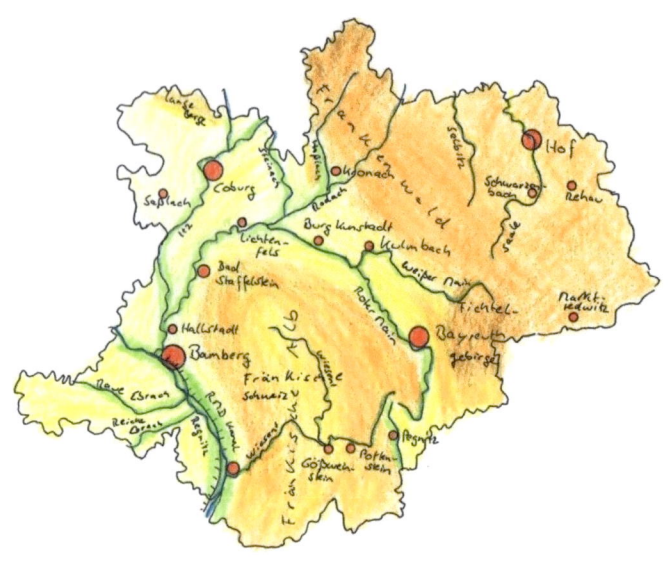

In Oberfranken besuchte Städte: 18

Top 100 Bayern-Städte (Top 10 der Region fett):
Bamberg, Bayreuth, Coburg, Hof, Kronach, Kulmbach, Forchheim, Pottenstein, Seßlach, Bad Staffelstein, Lichtenfels.

Andere besuchte Orte
Burgkunstadt, Gößweinstein, Hallstadt, Ludwigsstadt, Marktredwitz, Neustadt bei Coburg, Pegnitz, Rehau, (Tüchersfeld), Schwarzenbach.

4. Oberpfalz

Die Oberpfalz ist eine der abgelegensten, aber auch urigsten Regionen Deutschlands. Kriegszerstörungen gab es hier nur wenige, viele Altstädte sind gut erhalten. Highlight ist die UNESCO-Welterbestadt Regensburg. Gut gefallen hat mir auch Amberg, eine Stadt, welche mich beim letzten Besuch fast flashte, sowie Cham und Sulzbach-Rosenberg. Am häufigsten war ich bisher in Regensburg, so um die 15x. Zwei- dreimal war ich in Weiden, Schwandorf und Amberg. Die anderen oberpfälzischen Städte habe ich erst ein einziges Mal besucht.

10 Städte, welche mich am meisten beeindruckten

❖ **Regensburg**

Regensburg ist seit 2006 auf der UNESCO Liste des Weltkulturerbes verzeichnet. Die fast 2000 Jahre alte Stadt überstand den Zweiten Weltkrieg unzerstört und hat eine vollständig erhaltene mittelalterliche Altstadt vorzuweisen.
Ich bin immer gerne in Regensburg. Der Dom ist faszinierend, die Steinerne Brücke über die Donau sehenswert und man kann in der Altstadt mit ihren fast italienisch anmutenden mittelalterlichen Wohntürmen auch immer wieder Neues entdecken. In Regensburg gibt es urige Läden und sogar ein Opernhaus. Das einzige bisher, in welchem ich ein Kruzifix hängen sah. Regensburg verbindet man auch immer mit der Familie Thurn und Taxis, deren Stammsitz Schloss St. Emmeran unweit des Hauptbahnhofes ist und die vom Volksmund angeblich von *Tut und taugt nix* genannt wird.

❖ Amberg

Mit Amberg verbinde ich verschiedene Dinge: den Schriftsteller und langjährigen Titanic-Autor Eckhard Henscheid, der hier geboren ist und heute wieder hier lebt, die Stadtbrille, zwei Brückenbogen, die sich im Fluss Vils zur Brille spiegeln und das kleinste Hotel der Welt, das Ehäusl, in welchem nur 2 Personen (Eheleute) Platz finden. Bei einem Besuch im Jahr 1988 erweist sich die Stadtbrille als sehenswert und ich finde es überraschend, wie nahe die Basilika St. Martin am Wasser (die Vils) gebaut wurde. An der Vils ergeben sich einige nette Blicke auf die Altstadt. Im Jahre 2006 wurde durch den Oberpfälzer Künstler Wilhelm Koch das *Luftmuseum* gegründet, welches ich im Sommer 2020 besuche und gut kuratiert finde. Ich gehe den Grünzug an der Stadtmauer entlang und lese Meilensteine der Geschichte Ambergs. Dann besuche ich die 1970 errichtete Glasfabrik, letztes Gebäude von Walter Gropius.

Amberg Stadtbrille (Brücke über die Vils)

❖ Berching

Berching liegt am Main-Donau-Kanal und zusätzlich am alten Ludwigskanal. Damit nicht genug, es gibt noch den kleinen Fluss Sulz, der an der Stadtmauer, die die ganze Stadt umgibt und zahlreiche Tore und Türme besitzt, entlang fließt. Als ich dort bin, wird gerade die Erde umgewühlt, um außerhalb der Stadtmauer an der Sulz den Hans-Kuffer-Park anzulegen. Ich poste ein Bild des Flusses vor der Stadtmauer, von der ein recht langes gerade verlaufendes Stück zu sehen ist. Ein Kollege, der noch nie in der Oberpfalz war, kommentiert, hier gäbe es ja beeindruckende Städte, von denen er noch nie was gehört hätte.

Fluss Sulz und Stadtmauer in Berching

❖ Cham

In Cham war ich erst einmal. Die Stadt liegt relativ abgelegen im Bayerischen Wald. Selbst von Regensburg muss man nochmal in Schwandorf umsteigen. Was ich in Cham immer sehen wollte, ist die Florian-Geyer-Brücke

über die Regen, die im Bernhard Wicki-Film *Die Brücke*
(mit Schauspielern wie Fritz Wepper, Vicco von
Bülow/Loriot, Günther Pfitzmann und Volker Lechten-
brink) aus dem Jahr 1959 eine wichtige Rolle spielte. Doch
erst als ich dort war, erfuhr ich, dass 1991 die alte Brücke
abgerissen und durch einen 1995 fertig gestellten Neubau
ersetzt worden war. Aber auch so lohnt sich ein Besuch der
kleinen Stadt mit ihrem schönen Marktplatz und dem
pittoresken Biertor.

☞Cham pflegt eine Städte-Partnerschaft mit dem am Zuger
See und im Steuerparadies Kanton Zug gelegenen
Cham/ZG, eine der reichsten Gemeinden der Schweiz.

❖ **Sulzbach-Rosenberg**

Sulzbach-Rosenberg hatte ich lange nur als vermeintlich
unattraktive Stahlstadt auf dem Schirm. Doch eigentlich
hatte ich mich einmal schon gewundert, dass ein Nachbar
von mir, ein ehemaliger Generaldirektor bei der
Europäischen Kommission, der überall leben könnte, sich
gerade in Sulzbach-Rosenberg zur Ruhe setzte. Mit einem
Zug aus Nürnberg angekommen, fielen mir in der Stadt
schon mal die Grünzüge und Teiche zwischen Bahnhof und
Innenstadt auf. Die Altstadt liegt dann attraktiv auf einem
Höhenzug. Und dort gibt es nicht nur ein interessantes
rötlich gehaltenes mittelalterliches Rathaus. Sogar ein
Schloss ist hier zu finden. Das ist also eine der Städte der
Kategorie unbekannt bzw. unterschätzt. Auch literarisch.
Denn es gibt nicht nur ein Literaturhaus. Auf dem Weg zum
Bahnhof fällt mir zum ersten Mal ein Schillerstein auf.
Zuvor hatte ich so einen noch nie gesehen. Er zeigt das
Datum 09.5.1905. Das war der 100 Todestag Schillers.

❖ Weiden

Weiden ist eine solide und behagliche Mittelstadt mit historischer Anmutung. Im Krieg wurde hier, wie in vielen Städten der Oberpfalz, nur wenig zerstört. Andererseits gibt es hier in Ostbayern, anders als in Franken, kaum Fachwerkhäuser und an herausragenden Baudenkmälern fehlt es ein bisschen. Es gibt nach einem Besuch kaum etwas, was sich bleibend in der Erinnerung festsetzt.

❖ Neumarkt

Neumarkt erinnert ein bisschen an Weiden. Ähnliche Einwohnerzahl, ähnlicher Innenstadtgrundriss. Anders als Weiden, wurde Neumarkt im Krieg jedoch sehr stark zerstört. Der Wiederaufbau erfolgte jedoch weithin nach alten Grundrissen und den typisch einfachen Oberpfälzer Fassaden sieht man ihr geringes Alter nicht gleich an. Während Weiden nach dem dort aufgewachsenen Komponisten auch den Beinamen Max-Reger Stadt hat, trug Neumarkt im Dritten Reich den Beinamen Dietrich Eckart-Stadt. Der frühe NS-Ideologe wurde 1868 in der Stadt geboren. Als ich im Sommer 2015 gerade in Neumarkt war, hatte ich für das Skulpturenmuseum Lothar Fischer leider keine Zeit, mir dabei aber vorgenommen, nochmal zu kommen, um diese Lücke zu schließen.

❖ Nabburg

Nabburg gilt als das oberpfälzische Rothenburg. Als ein Bekannter dort einmal beruflich zu tun hatte, meinte er zu mir, das könne er bestätigen. Also reiste ich im Frühjahr 2014 nach dem Besuch des Städtedreiecks um Maxhütte mit hohen Erwartungen hin. Doch eine sehr kleine Stadt (6000 Einwohner) am Samstagnachmittag zu besuchen, bedeutet auch, vor geschlossenen Geschäften zu stehen. Auch die Museen waren bereits geschlossen. Nabburg liegt zwar schön auf einem Landrücken, die Altstadt ist gut durchsaniert, doch so spektakuläre Plätze wie in Rothenburg ob der Tauber gibt es hier doch nicht. Auch ist der Ort fast under-touristed, man kann nicht mal eine Postkarte oder ein Souvenir kaufen. Nach einer Stunde habe ich praktisch alles gesehen und reise wieder ab.

Altstadt von Nabburg

Neustadt an der Waldnaab

Neustadt an der Waldnaab wirkt ein bisschen wie eine kleinere Ausführung von Sulzbach-Rosenberg. Die Altstadt liegt ebenfalls erhöht, auf einem Gneisrücken, es gibt ein Schloss (sogar ein altes und ein neues) und einen länglichen Stadtplatz. Eher einfache altbayerische Putzfassaden, Sandstein und Fachwerk sieht man hier nicht. In den 1990er Jahren war ich hier zweimal, weil ein Bekannter dort beim Landratsamt arbeitete. Dabei ging es auch um die Verkehrsplanung und den Versuch, Neustadt einen stadtnaheren DB-Haltepunkt zu verschaffen. Neustadt an der Waldnaab ist insgesamt eine behagliche Kleinstadt, welche jedoch außerhalb der Oberpfalz so gut wie unbekannt ist.

❖ Schwandorf

Schwandorf ist ein Eisenbahnknotenpunkt und bei meinem Besuch im Juni 2020 fiel mir gleich auf, dass da noch relativ spät abends ein Geschäft im Bahnhof aufhatte, was in einer kleineren Stadt selten ist. Der wichtige Bahnhof war allerdings auch der Grund, warum die Stadt im Zweiten Weltkrieg etliche Bomben abbekam. Das ganze Bahnhofsviertel und etwa die Hälfte der Häuser der Stadt wurden zerstört. Man sieht es der Stadt dennoch nicht so sehr an, denn in der mittleren Oberpfalz herrschen auch bei historischen Gebäuden eher einfache Putzfassaden vor, Fachwerk gibt es eigentlich nicht und auch nur wenig barocken Schwung. Der Unterschied zwischen alter und neuer Architektur fällt deshalb nicht so auf. Immerhin hat Schwandorf mehrere schöne Plätze. Als ich spätabends in die Stadt ging, wirkte der Blick von der Naab auf die beleuchtete Altstadtsilhouette irgendwie verzaubernd und ein Wehr gibt es zudem noch zu entdecken.

Schwandorf, Partie an der Naab bei Nacht

Weitere Städte in den Top 100 Bayerns

❖ Freystadt

Freystadt ist nicht mit der Bahn erreichbar und so lasse ich mich im Mai 2020 von einem Taxifahrer von Hilpoltstein hierherbringen. So abgelegen die Stadt scheint, so zentral liegt sie doch in Bayern und auch in Europa. Und es fällt auf, dass man während der Fahrt gleich drei wichtige Verkehrswege unter- bzw. überquert: den Main-Donau-Kanal, die Autobahn Nürnberg-München und die ICE-Strecke Berlin-München. Trotz der geringen Distanz zwischen beiden Städten ist das Stadtbild doch ganz anders: in Freystadt fast nur glatte Putzfassaden, aufgelockert durch intensive Farbtöne, wie hellblau und orange. Von der fränkischen Mischung aus Fachwerk und Sandstein ist hier in Altbayern wenig zu sehen. Hier ist der Stadtgrundriss auch nicht so verwinkelt, wie in vielen fränkischen Kleinstädten. Er wird von einem lang gezogenen Platz geprägt, parallel dazu kleinere Straßen.

❖ Vilseck

Tief in der oberpfälzischen Provinz ist man überrascht, plötzlich auf eine irgendwie zweisprachige Stadt zu treffen. Am Bahnhof eine Warnung auf Englisch, dass es ungesetzlich ist, ohne Fahrkarte mit dem Zug zu fahren. Viel Läden- und Firmenbezeichnungen auf Deutsch und Englisch. Der Grund liegt auf der Hand. Der riesige Truppenübungsplatz Grafenwöhr liegt in der Nähe und in Vilseck-Nord gibt es eine große US-Kaserne. Am Bahnhof warten Taxifahrer, um mit dem Zug ankommende US-Soldaten dort hinzubringen. Im Ortskern werden alle möglichen Dienstleistungen auch auf Englisch angeboten.

Die Stadt Vilseck selbst erweist sich als unspektakulär. Ein Skulpturenpark führt die schönen Vilsauen entlang. Im

Zentrum fällt die Burg Dagestein, heute ein Tagungs-zentrum, mit ihrem hohen Turm auf.

<u>Andere Orte</u>

Maxhütte-Burglengenfeld-Teublitz

Im Jahre 2014 war ich einmal mit dem Zug von Regensburg nach Nabburg unterwegs. Ich wollte das `*oberpfälzische Rothenburg´* sehen, welches mir ein Kollege einmal empfohlen hatte. Der Fahrplan zeigte mir, dass ich in Maxhütte-Haidhof noch 27 Minuten Stopp machen könnte. Maxhütte (Maximilianshütte) ist nach dem gleichnamigen Stahlwerk benannt, welches 1990 in Konkurs ging. Zu sehen gibt es im Ort eigentlich wenig. Als ich aus dem Bahnhof komme, steht ein Taxi da. Ich beschließe, mich ins nahe Burglengenfeld fahren zu lassen, wo ein Kollege von mir herkam. Dort mache ich ein Foto des auffällig rot-weiß gestrichenen Rathauses. Die kleine Stadt an der Naab ist schnell zu überschauen und so frage ich den Taxifahrer, ob er über die Stadt Teublitz zurückfahren könnte. Teublitz ist noch winziger und überschaubarer und ich mache wieder ein Foto vom Rathaus. 5 Minuten vor Abfahrt des Zuges bin ich wieder am Bahnhof Maxhütte-Haidhof. Ich ärgere mich fast, dass ich den Taxifahrer nicht gebeten hatte, weiter vom Bahnhof entfernt in Maxhütte zu halten, um noch ein bisschen die Stadt begehen zu können. Immerhin, in 22 Minuten hatte ich somit 3 Städte gesehen (7.3 Minuten pro Stadt). Mein Schnellbesichtigungsrekord bisher.

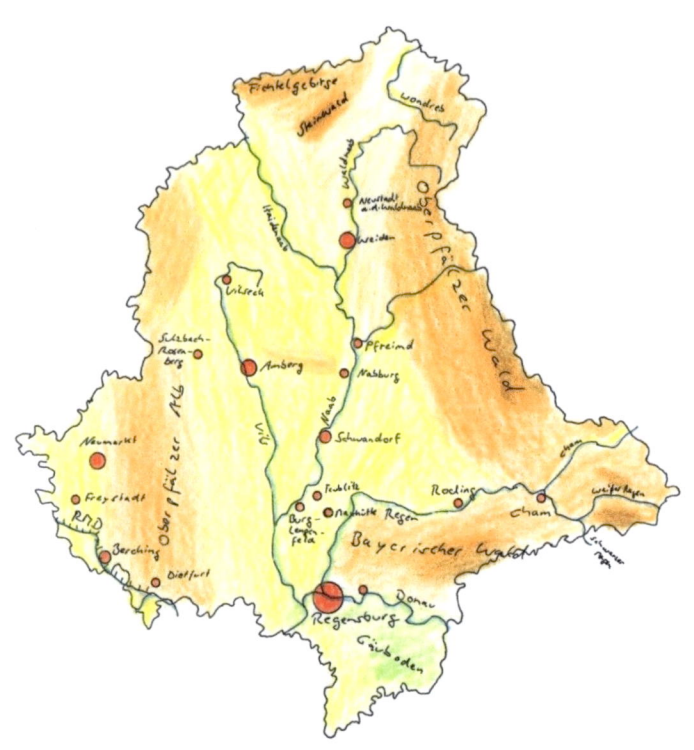

Besuchte Städte und Märkte Oberpfalz: 20

Top-100 Städte Bayern (Top-10 der Region fett):

Regensburg, Amberg, Berching, Cham, Neumarkt, Sulzbach-Rosenberg, Schwandorf, Weiden, Nabburg, Neustadt/Waldnaab, Freystadt, Vilseck.

Andere besuchte Orte:

Auerbach, Burglengenfeld, Dietfurt, (Donaustauf, Markt), Maxhütte, Parsberg, Roding, Teublitz.

5. Niederbayern

Niederbayern hat wie Schwaben ganz unterschiedliche Landschaften, darunter die Ausläufer der Münchner Schotterebene, den Donau- und Isar-Raum und den Bayerischen Wald. Ganz so gewaltige Berge wie in Oberbayern gibt es jedoch nicht. Die Niederbayern sagen dazu, in Oberbayern haben sie hohe Berge, in Niederbayern aber einen weiten Horizont. In Niederbayern fehlt eine größere Stadt. Landshut, die administrative Hauptstadt des Regierungsbezirkes ist eine Mittelstadt mit lediglich 70 000 Einwohnern. Die heimliche Hauptstadt Niederbayerns ist deshalb München. Highlight von Niederbayern ist jedoch nicht Landshut, sondern die Dreiflüssestadt Passau.

Neben Passau hat mir bisher Straubing am besten gefallen, während ich mit Landshut noch nicht so warm geworden bin. Am häufigsten, etwa 5 x, war ich bisher in Landshut und Passau, in den anderen niederbayerischen Städten dagegen erst 2x oder seltener.

Top 10 Städte

❖ **Passau**

Passau gehört zu den Städten, von denen Alexander von Humboldt angeblich behauptet hat, sie gehörten zu den sieben schönst-gelegenen der Welt. Passau liegt zwischen Höhenzügen auf einer Landzunge zwischen Inn und Donau. Vom Bayerischen Wald herunter fließt noch die Ilz und macht Passau zur Dreiflüssestadt. Mein letzter Besuch in Passau fand im Februar 2019 statt. Schnee hatte die Stadt verzuckert, die Sonne schien und Passau zeigte sich im besten Licht. Ich ging die Veste Oberhaus hinauf und schaute auf die Stadt runter und dachte, Wow, sowas gibt es echt selten in Deutschland.

❖ Landshut

Obwohl ich 8 Jahre in München wohnte, reiste ich als Bahnfahrer nie so gerne nach Landshut, denn die Innenstadt liegt sehr weit vom Bahnhof entfernt. Wenn man den Bus nicht nimmt, ist das ein ewiger Fußmarsch durch nicht so tolle Vorstadtstraßen. Als ich da mal entlangging dachte ich an den bayerischen 1980er Jahre Song *'Landshut LA, da gfallt's dir narrisch, gei'* und schüttelte den Kopf über diese Zeilen und diese zu provinzielle Stadt. Erreicht man dann irgendwann die Isar, sieht man andererseits eine Flussinsel und interessante historische Ensembles, die sich den Fluss entlangziehen. Die Länge und historische Anmutung der Altstadthauptstraße beeindrucken ebenfalls. Mit Erstaunen lese ich, dass der 130 Meter hohe Turm der Martinskirche der höchste Backsteinturm der Welt ist. Über der Stadt dann noch die Burg Trausnitz. Ich glaube, ich muss der Stadt nochmal eine Chance geben.

❖ Straubing

Als ich im Mai 2019 nach Straubing fahre, bin ich gerade am Sammeln von Opernhäusern. Zufällig komme ich am Geburtshaus von Emanuel Schikaneder vorbei, der das Libretto für Mozarts Zauberflöte geschrieben hat. Am Rathaus, welches nach einem Brand wiederaufgebaut wird, dann eine Plane mit einem Bild Joseph Fraunhofers. Nach diesem in Straubing geborenen Physiker ist die wissenschaftliche Fraunhofer-Gesellschaft benannt worden. In der Fraunhofer Straße 3 findet sich sein Geburtshaus. Es gibt sogar noch einen weiteren bekannten Straubinger: den Schlagersänger Rex Gildo (1936-1999). Er hat in der Stadt jedoch keine Spuren hinterlassen. Highlight Straubings ist der gotische Stadtturm, mit seinen fünf Spitzen, was man sonst eher in Osteuropa sieht. Geht man von der Altstadt zur Donau, findet man ein überraschend grünes und natürliches Ufer. Trotz Rhein-Main-Donaukanal hält sich der Schiffsverkehr in Grenzen und zwischen Regensburg und Passau wurde die Donau, hier wegen ihrem ursprünglichen Zustand auch niederbayerischer Amazonas genannt, bisher kaum ausgebaut. Ein Glück für die Landschaft.

❖ Kelheim

Im Frühjahr 2015 versuche ich, im Altmühltal ein paar Städte der Quermania-Liste abzuklappern. Das sind Riedenburg und Berching und zusätzlich Greding in Mittelfranken. Damals waren auch noch Kelheim, Beilngries und Dietfurt auf dieser Liste. In Kelheim beginne ich die Tour. Leider habe ich für die Stadt nach Fahrplan zu wenig Zeit. Sie erweist sich als überraschend hübsch mit verschiedenen Stadttoren, einer gut erhaltenen Altstadt mit zwei nebeneinander liegenden historischen Rathäusern.

Hier erreicht zudem der Main-Donau-Kanal die Donau, die ab hier flussabwärts schiffbar ist, und es gibt sogar noch Reste des historischen Ludwigskanals. Über der Stadt die Befreiungshalle als weitere Sehenswürdigkeit. Ich muss unbedingt nochmal nach Kelheim zurückkommen.

❖ Deggendorf

Die Donau fließt in Niederbayern in einem natürlichen Flussbett (*Bayerischer Amazonas*) mit vielen kleineren Schlaufen. Die Bahnlinie folgt ihr erst ab Vilshofen, verläuft aber zwischen Regensburg und Vilshofen mehrere km südlich davon. Das hat dazu geführt, dass der kleine Ort Plattling Bahnknoten wurde und nicht etwa Deggendorf, wo die Bahnlinie vom Bayerischen Wald auf die Donau trifft. Als Bahnfahrer ohne Auto war ich deshalb schon öfters in Plattling, aber erst ein einziges Mal in Deggendorf. Deggendorf ist eine passable Mittelstadt mit schönem Treppengiebelrathaus und sehenswerter Grabkirche. Im Juni 2013 litt die Stadt unter einem verheerenden Hochwasser, weite Teile der Stadt wurden überschwemmt und schockierende Bilder gingen durch die Medien.

❖ Abensberg

Im August 2011 reise ich nach Abensberg. Grund war der im Vorjahr fertig gestellte Kuchlbauer-Turm. Ursprünglich war das ein Entwurf des österreichischen Malers Friedensreich Hundertwasser, doch dieser starb im Jahr 2000, noch ehe die Planungen abgeschlossen waren. Der österreichische Architekt Peter Pelikan vollendete das Werk, jedoch nicht ohne erhebliche Veränderungen durchzuführen. Zudem gab es einen Rechtsstreit zwischen der Brauerei, die einen 70 m hohen Turm errichten wollte, der die Stadtsilhouette erheblich dominiert hätte und der Stadt. Schließlich wurde der Turm, der Bierkrug-Motive aufnimmt und eine goldene Krone hat, mit einer Höhe von 34 Meter verwirklicht. Bei der Besichtigung schwankt man selbst zwischen Anerkennung der Originalität der Architektur und Kopfschütteln. Die Stadt Abensberg ist ansonsten recht klein aber nicht ohne historisch reizvolle Architektur.

❖ Vilshofen

Vilshofen ist keine Dreiflüssestadt wie Passau, aber immerhin eine Zweiflüssestadt. Geht man vom Bahnhof in die Innenstadt überquert man eindrucksvoll die Vils und hat ein kompaktes Stadtpanorama vor sich mit schmalen Häusern dicht am Vils-Ufer und einem steil aufragenden schlanken Kirchturm. Auffallend in der Haupteinkaufs-straße der frühbarocke Stadtturm mit seiner Durchfahrt, ein Wahrzeichen der Stadt. Von dort gehe ich wieder zurück zum rot gestrichenen Bahnhofsgebäude, wo es weder Service-Einrichtungen noch Läden gibt, heute typisch für DB-Stationen unter 25 000 Einwohner.

❖ Riedenburg

Riedenburg ist eine sehr kleine Stadt an der Altmühl. Als ich sie im Frühjahr 2014 besuche fällt mir die Häuserzeile am Fluss und der hübsche Stadtplatz auf, hinter dem sich ein Höhenzug mit einer Burg erhebt. Am Platz fallen die vielen Radtouristen auf.

❖ Neustadt an der Donau

Als ich im Sommer 2020 Neustadt zum ersten Mal besuche, erscheint es mir als *Stadt der drei Lügen*. Erstens zeigt ein Wandbild, dass die Stadt bereits 1273 durch Herzog Ludwig II. das Stadtrecht bekommen hat, die älteste Stadtrechtsverleihung Bayerns. So neu ist die Stadt also nicht. Dann liegt die Altstadt auch gar nicht an der Donau, die Donau ist mehrere km entfernt. Und schließlich gibt es im Zentrum so wenige Läden, dass man den Ort kaum als Stadt bezeichnen kann.

❖ Grafenau

Grafenau ist eine akzeptable Kleinstadt im Bayerischen Wald. Als ich in München studierte gab es eine geographische Exkursion dorthin und die Großstadt gewöhnt, kam mir der Ort relativ leblos vor. Auffallend war der steil abfallende Stadtplatz mit den einfachen Putzfassaden. Grafenau lag damals zudem kurz vor dem Eisernen Vorhang, am Rande Westeuropas und Bayerns. Damals gingen die Diskussionen darum, wie ein Nationalpark Bayerischer Wald die Region touristisch und wirtschaftlich beleben könnte.

Ähnlich klein wie Grafenau ist die benachbarte Stadt Freyung. Einfache, in Pastellfarben gestrichene Putzfassaden kaum historisch bedeutsame Architektur. Jedoch gibt es hier beeindruckende Ausblicke auf die Kuppen des Bayerischen Waldes.

Weitere Städte in den Top 100 Bayern

❖ Vilsbiburg

Vilsbiburg liegt wie Vilshofen an der Vils und hat einen ähnlich langgezogenen Stadtplatz, der ebenfalls durch eine grünen Torturm begrenzt wird. In Vilsbiburg ist der Platz ein bisschen breiter, großzügiger und pastellfarbener. Was in Vilsbiburg verblüfft, ist der Turm der Stadtpfarrkirche Mariä Himmelfahrt. Er wirkt wie eine Kopie der Türme der Münchner Frauenkirche.

Andere Orte

Simbach

Simbach ist ein recht kleiner Ort am Inn und erst seit 1951 eine Stadt. Historisch bedeutende Bauwerke gibt es hier nicht. Was jedoch überrascht, ist der recht große und stattliche Bahnhof. Simbach ist Grenzstation nach Österreich und das hatte zu Dampflokzeiten noch eine ziemliche Bedeutung. Zudem liegt Simbach auf der kürzesten Verbindung zwischen München und Wien, die über Mühldorf und nicht über Salzburg führt. Von Simbach kann man zu Fuß in die historische österreichische Stadt Braunau gehen, die als Geburtsort von Adolf Hitler an ihrer Geschichte leidet.

Mainburg

Als in München lebender Student war ich viel mit der Bahn unterwegs. Nach Mainburg musste ich jedoch mit dem Bus fahren und das hieß in den 80er Jahren noch dicke Busfahrpläne wälzen, um entsprechende Verbindungen herauszufinden. Irgendwie kam ich dennoch in diese Hauptstadt des Spargelanbaugebietes Hallertau. Doch bedeutende Bau-werke blieben mir nicht in Erinnerung. Auch die Hallertau nahm ich als Gegend ohne große Highlights wahr.

Plattling

Plattling ist ein wichtiger Eisenbahnknoten in Ostbayern. Hier stieg ich schon ein paarmal um, zuletzt im Mai 2019 auf dem Weg nach Straubing. Manchmal hatte ich Zeit, den Bahnhofsvorplatz zu erkunden. Die Schlussfolgerung war bisher immer: hier gibt es eigentlich gar nichts zu sehen, nicht nötig, sich für den Ort mehr Zeit zu nehmen. Dabei wurde Plattling bereits im Nibelungenlied erwähnt. Lange blieb Plattling jedoch sehr klein und kam erst als Eisenbahnerstadt zu einer gewissen Bedeutung.

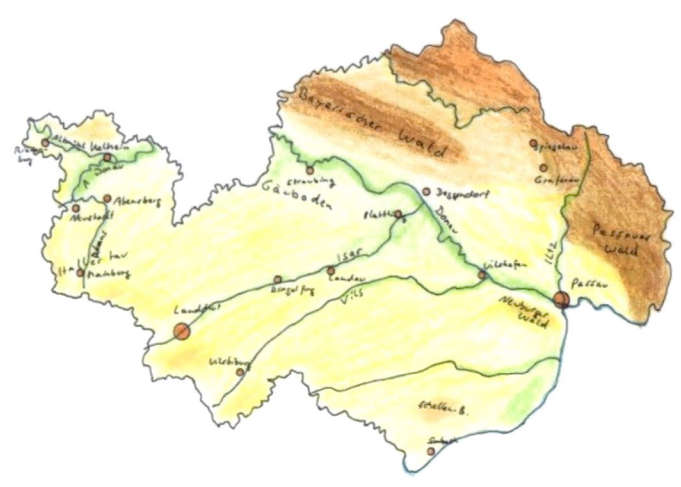

Besuchte Städte Niederbayern: 33 (+2)

Top-100 Städte Bayern (Top 10 der Region fett):
Landshut, Passau, Straubing, Deggendorf, Kelheim, Riedenburg, Abensberg, Vilshofen, Neustadt/Donau, Grafenau, Vilsbiburg.

Andere besuchte Orte:
Abensberg, Deggendorf, Dingolfing, Freyung, (Gangkofen), Grafenau, Kelheim, Mainburg
Neumarkt St. Veit, Plattling, Osterhofen, Simbach, Vilsbiburg, Vilshofen.

6. Oberbayern

Oberbayern ist ein sehr großer Regierungsbezirk, der von den bayerischen Alpen bis nördlich der Donau reicht. Oberbayern ist auch sehr wirtschaftsstark, vor allem München und sein Umland, aber auch das Voralpenland. Verarmte und strukturschwache Randgebiete gibt es hier nicht. Die Verkehrsinfrastruktur ist völlig auf das im Zentrum Oberbayerns gelegene München ausgerichtet. München wurde früher auch als Goldener Sattel auf einem mageren Pferd bezeichnet. Eine prächtige Residenzstadt war von eher ärmlichen ländlichen Gebieten umgeben, die Landwirtschaft auf der wenig fruchtbaren und kalten Münchner Schotterebene war nicht sehr ertragreich.

Obwohl Oberbayern nicht unbedingt eine Region mit großer Stadttradition ist, gibt es durch die Größe des Bezirkes doch etliche sehenswerte, vor allem kleinere Städte. Am besten gefallen mir München, Neuburg an der Donau, Eichstätt, Wasserburg, Burghausen, Ingolstadt, Landsberg am Lech und Garmisch-Partenkirchen. Am häufigsten war ich bisher in München, wo ich 7 Jahre gewohnt habe, in Germering, wo ich fast ein Jahr wohnte und in Freising, wo ich ein paar Monate wohnte. Etwa 10 x besucht habe ich bisher Ingolstadt, etwa 5 x war ich in Garmisch-Partenkirchen und in Rosenheim. In den anderen oberbayerischen Orten war ich bisher wesentlich seltener.

Die zehn Städte, welch mich am meisten beeindruckten

❖ München

In München habe ich 8 Jahre gelebt, aber München schätzte ich erst, als ich von dort weggezogen war. Als ich dort wohnte, gefielen mir viele Stadtteile wie Pasing oder Laim überhaupt nicht. Auch den Hauptbahnhof, den Gasteig oder die Münchner Freiheit fand ich nicht so toll. München ist in vieler Hinsicht auch eine abweisende Stadt, wo die Leute ihren Grant haben und man nicht so leicht ins Gespräch kommt. München, *Weltstadt mit Herz* und *Millionendorf*, alles nur Sprüche. Lässig ist München nur, wenn man viel Geld hat. Hat man wenig, kann die Stadt hart sein. Anstrengend ist es auch zur morgendlichen Spitzenzeit in der übervollen S-Bahn zu stehen. Auch von bayerischen Originalen wie einst Karl Valentin (`Mögen hätt ich schon wollen, aber dürfen habe ich mich nicht getraut´) ist in der teuren Stadt kaum mehr was zu sehen.

Als ich dann von München nach Karlsruhe zog, fehlte mir plötzlich die U-Bahn, das Großstädtische und auch das als Stadtteil in sich ruhende Schwabing, wo ich lange wohnte. Heute sehe die freundlichen Pastellfarben vieler Fassaden, den Reiz eines in einem relativen natürlichen Bett verlaufenden Flusses wie der Isar und das gute Kulturangebot mit zwei Opernhäusern und etlichen Kunstmuseen. Wenn München halt nur ein Tick progressiver wäre.

❖ Ingolstadt

Als Münchner Kollegen einmal einen Betriebsausflug nach Ingolstadt machten, musste man sie erstmal aufklären, dass es sich dabei nicht nur um eine Industriestadt handelt, oft werden das Audi-Werk und Erdölraffinerien mit der Stadt assoziiert, sondern dass die Stadt auch eine sehenswerte historische Altstadt hat. Ingolstadt ist sogar wesentlich älter als München. Hier wurde 1472 die erste bayerische Universität gegründet. In Mary Shelleys Roman *Frankenstein* studiert Viktor Frankenstein Medizin in Ingolstadt.

Ingolstadt war zudem lange Landesfestung und die Festungsanlagen haben im Stadtbild deutliche Spuren hinterlassen. Bisher war ich erst viermal in Ingolstadt. Ein Nachteil für mich war immer die weite Entfernung des Hauptbahnhofes von der Innenstadt. Bei meiner letzten Ingolstadtreise im Januar 2017 besuche ich das Museum für konkrete Kunst. Dieses sollte bis 2019 in eine umgebaute historische Gießereihalle ziehen. Ich beschließe wiederzukommen, sobald das neue Museumsgebäude eröffnet ist. Doch wie immer dauert alles länger. Auch im Sommer 2020 gibt es noch keinen genauen Eröffnungstermin.

❖ Eichstätt

Das erste Mal war ich vor über drei Jahrzehnten in Eichstätt. In Architekturzeitschriften wurde diese kleine Stadt damals mit viel Lob bedacht. Zum einen hat das im Krieg unzerstört gebliebene Eichstätt als fürstbischöfliche Residenzstadt ein reiches architektonisches Erbe vorzuweisen. Zum anderen wurde dieses durch den Architekten Karljosef Schattner, seit 1957 Leiter des Diözesan- und seit 1972 zudem des Universitätsbauamtes, auf behutsame Weise weiterentwickelt. 1991 ging Schattner in Ruhestand. Ich fand damals eine atmosphärische Kleinstadt mit hoher Dichte an sehenswerten Bauten vor. Im Juni 2020 schaffe ich endlich einen Zweitbesuch. Schon der moderne kombinierte Bahnhof/Busbahnhof war originell. Man ist schnell in der in einer Flussschleife gelegenen kompakten Altstadt, die von stattlichen Barockbauten geprägt ist. Das einzige Problem war, einen touristischen Kühlschrankmagneten aufzutreiben. Ich wollte die Stadt unbedingt in die Top-Liste aufnehmen.

❖ Neuburg an der Donau

Im Juli 2019 komme ich gerade von einem Besuch der kreisrunden Ries-Stadt Nördlingen. Die hatte mich weniger begeistert, als erwartet. Nun will ich eine Opernaufführung im Stadttheater Neuburg an der Donau sehen. In Neuburg war ich noch gar nicht so richtig. Im Studium in den 1980er Jahren waren wir bei einer Exkursion an der Stadt vorbeigefahren, man sah die ansprechende Silhouette der Stadt und eine Exkursionsleiterin meint, fahren Sie mal nach Neuburg, der Besuch lohnte sich. Nach vielen Jahren komme ich jetzt also mal endlich dazu, die Stadt genauer anzuschauen.

Die Altstadt erhebt sich über die Donau zum perfekten Postkartenblick, am besten zu betrachten vom Englischen Garten, der ein bisschen donauabwärts liegt. Auf dem Altstadthügel selbst unglaublich pittoreske Barock-Ensembles von Schloss, Rathaus und Stadthäusern. Und dann noch ein historisches Stadttheater, in welchem seltene Opern aufgeführt werden. Ich bin ganz begeistert von dieser Stadt. Als ich am späten Nachmittag ankomme, hat sogar noch die Touristeninformation offen und ich kann einen Kühlschrankmagneten kaufen und die Stadt in die Sammlung der 100 Top-Städte Deutschlands aufnehmen.

Neuburg

60

❖ Wasserburg am Inn

In Wasserburg am Inn war ich erst zweimal. Einmal stand ich während einer geographischen Exkursion am Hang über dem Fluss und konnte auf ein perfektes Bild herabschauen: eine gut erhaltene historische Stadt mit der typischen giebellosen Innviertel-Architektur die sich harmonisch in die spitze Schleife des Inns schmiegt. Beim zweiten Mal zog während der Schienenbusfahrt von Ebersberg nach Wasserburg-Bahnhof ein Gewitter auf, und das `Ferkeltaxi´ wurde von einem Sturm mit Regenschauer durchgerüttelt. Das erinnerte mich an einen Vorfall in den 1980er Jahren. Ein Lokführer hatte seine S-Bahn am Bahnhof Ebersberg verlassen, weil er dringend aufs Klo musste. Dabei vergaß er, die Bremsen anzuziehen. Die S-Bahn machte sich selbständig und rollte, dem Gefälle folgend, Richtung Inn. Erst am Bahnhof Wasserburg kam sie zum Stehen.

❖ Freising

In Freising hatte ich am Ende des Studiums mal für ein paar Monate im Studentenheim gewohnt. So lernte ich diese Mittelstadt kennen. Besonders gefiel mir der Blick vom Endmoränenhöhenzug über das Erdinger Moos. Man sah die nahe Baustelle des neuen Flughafens München-Erding (der jedoch viel näher an Freising lag), welcher 1992 eröffnet wurde. Beeindruckend auch der Domberg Freisings. In Freising gibt es nicht nur viele Hügel, sondern auch überraschend viele Gewässer. Die Isar ist zwar im Altstadtbild nicht sichtbar, aber es gibt zudem die Moosach mit mehreren Armen. Ging ich vom Bahnhof in die Innenstadt kam das mir immer fast wie ein Klein-Venedig vor. Hinter der Hauptstraße noch die Herrenmoosach, die ein kleines Fischerviertel durchfließt. Als ich Jahre später meine Freising-Begeisterung anderen Besuchern vermitteln wollte, schaffte ich das jedoch nie ganz, da ich immer Pech mit dem Wetter hatte, das Wasser strömte von oben.

❖ Rosenheim

In Rosenheim war ich noch gar nicht so oft, obwohl es recht nahe bei München liegt, wo ich 8 Jahre lebte. Und nur zweimal habe ich es geschafft, vom Rosenheimer Bahnhof in die Innenstadt zu laufen. Der Bahnhof liegt auch ein bisschen weit von der Altstadt entfernt. Einst gab es einen stadtzentrumsnäheren Bahnhof. Davon ist noch der Lokschuppen vorhanden und darin finden oft Kunstausstellungen statt. Schon lange wollte ich den Lokschuppen besuchen, doch bei meinem letzten Besuch Ende November 2019 war dieser geschlossen. Auch die im Internet gebuchte Übernachtungsstätte war geschlossen. Es war Mitternacht und kalt und so kam keine richtige Rosenheim-Begeisterung auf. Gut, dass ich den Apartment-besitzer noch aus dem Schlaf klingeln konnte und den Schlüssel bekam. Endlich konnte ich die Stadt entspannter betrachten und musste an den 1980er Jahre Slogan denken, mit dem die wirtschaftsstarke Stadt Arbeitskräfte anlocken wollte, `Arbeiten, wo andere Urlaub machen´.

☞1987 kam der Percy Adlon Film *Out of Rosenheim* in die Kinos. Marianne Sägebrecht spielte darin die Protagonistin aus Rosenheim und mit dem Film gelang ihr ein internationaler Durchbruch.

❖ Garmisch-Partenkirchen

Garmisch-Partenkirchen ist Verwaltungssitz des Kreises, ohne selbst Stadt zu sein. Als Erholungsort legt man auf den Titel Stadt hier keinen großen Wert. Funktional als Oberzentrum mit 27 000 Einwohnern ist es aber eine Stadt.

Das erste Mal, als ich Garmisch-Partenkirchen besuchte, lief ich durch den Ortsteil Partenkirchen und fand ihn nicht besonders sehenswert. Erst später entdecke ich die gemütlichen Straßen des Ortskerns von Garmisch und muss mein Urteil revidieren. Mein Geographieprofessor meinte einmal, die beiden Ortsteile wären sich so spinnefeind, dass sie sagten, die anderen, das wäre eine andere Rasse. Bei meinem Besuch im September 2015 löse ich endlich ein Ticket der Zugspitzbahn. Bei früheren Besuchen hatten mich die hohen Preise dieser Zahnradbahn abgeschreckt. Endlich erlebe ich ein Highlight einer Reise nach Garmisch, die Fahrt die Zugspitze hoch. Und man muss nicht mal denselben Weg zurücknehmen. Hinunter nehme ich die Seilbahn nach Ehrwald in Tirol. Landschaft und Ortsbild machen Garmisch für mich zu den beeindruckendsten Orten Deutschlands. Später werde ich zum Opernfan und mir wird bewusst, dass der Komponist Richard Strauss (1864-1949) lange in Garmisch-Partenkirchen gelebt hat und dass in seiner Villa das Richard-Strauss Institut beheimatet ist. Also ein Grund, nochmal hinzufahren.

❖ Landsberg (Lech)

Als ich in München studierte, war ich oft per Bahn in mein heimatliches Allgäu unterwegs. In Kaufering erreichte der Zug den Lech und damit die Grenze zwischen dem baierischen und dem schwäbischen Sprachraum. Westlich vom Lech sagte man für nicht *it* und das klang für mich immer sehr heimatlich. Im Bahnhof Kaufering sah man einen Anschlusszug, der die kurze Strecke nach Landsberg fuhr. Oft dachte ich, da müsste ich mal hin. Zu Landsberg hatte man ein zwiespältiges Verhältnis. In Landsberg gab es die JVA, ein Gefängnis, in welchem einst Adolf Hitler und andere NS Größen einsaßen und wo Hitler *Mein Kampf* schrieb. Im Dritten Reich hatte Landsberg deshalb eine besondere Rolle inne und in der Nähe der Stadt gab es Konzentrationslager. Und dann gab es einst noch ein größeres Landsberg an der Warthe, welches heute in Polen liegt. Wenn man dann Landsberg besuchte, fand man ein beschauliches, aber sehenswertes historisches bayerisches

Städtchen vor, das eine Besonderheit hatte: ein breites tosendes Lechwehr am Rande der Altstadt.

❖ Burghausen

Burghausen im wirtschaftsstarken bayerischen Chemie-dreieck, dem *Silicon Valley an der Salzach*, (Wacker Chemie), liegt mit einer schmalen Altstadt langgezogen an der Salzach und wäre nichts Besonderes, gäbe es nicht die Burg Burghausen, die im Guinness Buch der Rekorde als längste Burganlage der Welt eingetragen ist (1051m). Im Frühjahr 2013 besuche ich die Stadt und das Robert-Gerlich-Fotomuseum in der Burg. Abgesehen von der Burg gibt es ein Altstadtgebäude, welches mir in Erinnerung geblieben ist: der blau gestrichenen Stadtsaal mit seinen drei Türmchen.

Burghausen, Blick über die Salzach auf Innenstadt und Burg

Weitere Städte in den Top 100 Bayern

❖ Altötting

Auf dem Weg von Burghausen ins Allgäu kam ich im schönen Wallfahrtsort Altötting vorbei, wo die Gnaden-kapelle mit den alle Wände bedeckenden Votivbildern beeindruckt. In der Stiftspfarrkirche ein Knochenmann an einer Orgelempore, der als *Tod von Eding (Altötting)* in Bayern sprichwörtlich geworden ist (*Du siehst aus, wie der Tod von Eding*).

❖ Mühldorf am Inn

Mühldorf am Inn gehört zu den hübschen Innviertelstädten. Typisch ausgeführt ist hier die Inn-Salzach-Bauweise mit den Grabendächern und der nach oben gezogenen Häuser-front mit Scheinfassaden. Gleich bei meinem ersten Besuch Ende der 1980er Jahre hat mich die strahlenfrisch sanierte, in weiß gehaltene Stadt spontan für sich eingenommen. Leider schaffte ich es bisher nicht, die Stadt nochmal zu besuchen.

❖ Weilheim

Weilheim ist eine solide und prosperierende oberbayerische Mittelstadt. Vielleicht zu solide, denn sie wird mittlerweile auch Langweilheim genannt. Irgendwie fehlt das Beson-dere. Im Sommer 2008 hat man immerhin den Marktplatz bunt angemalt. Doch das ist auch schon wieder ein Weilchen her.

❖Schongau

In der hübschen kleine Stadt Schongau war ich erst ein einziges Mal. Schön auf einem Hügel über dem Lech gelegen, hat es noch eine fast vollständig erhaltene Stadtmauer und eine intakte historische Altstadt.

❖ Laufen (Salzach)

Laufen an der Salzach erreiche ich im Jahr 2013 durch Laufen, in dem ich von Oberndorf in Österreich über die Salzachbrücke herüberlaufe. Laufen enttäuscht mich nicht. Es ist eine dieser Inn-Salzach-Städte mit dieser typischen südländisch wirkenden giebellosen Architektur und pastellfarbenen Putzfassaden.

❖ Berchtesgaden

Ein einziges Mal im Leben erwischt mich die wohl durch ein Bakterium verursachte Reisekrankheit Durchfall und Erbrechen. Das war weder in Südamerika oder Afrika, sondern ausgerechnet in Berchtesgaden. Kurz nachdem ich Wasser aus dem Hotelbadezimmer getrunken hatte, gingen die Probleme los. So konnte ich den Ort mit dem Blick auf den Watzmann überhaupt nicht genießen und musste auf die frühe Öffnung von Läden am nächsten Morgen hoffen, um endlich unbelastets Wasser trinken zu können. Am Ende des nächsten Tages ging es mir langsam wieder besser. Diese idyllische Gegend verbinde ich nicht nur mit einem eigenen unangenehmen Erlebnis, sie ist auch geschichtlich durch Hitlers Berghof auf dem Obersalzberg ein wenig kontaminiert.

❖ Beilngries

Beilngries ist eine nette, propere Kleinstadt ganz im Norden von Oberbayern. Im Frühjahr 2015 besuche ich die Stadt zusammen mit anderen Perlen am Main-Donau-Kanal, wie Riedenburg und Berching. Dass man schon nahe an Mittelfranken ist, sieht man an den Fachwerkhäusern, die hier vereinzelt im Stadtbild auftauchen. Die Putzfassaden wiederum weisen teilweise Treppengiebel auf.

❖ Schrobenhausen

Mein Besuch in der Spargelstadt Schrobenhausen ist so lange her, dass ich mich kaum mehr an Details erinnern kann. Außer, dass die Stadt von einem Wall umgeben ist, auf welchem man zwischen Bäumen um die ganze Stadt laufen kann. In der Innenstadt gibt es eine Hauptachse, an der bis auf eine Kirche alle Sehenswürdigkeiten liegen. Eine Aufreihung von hellen Putzfassaden, oft mit Treppengiebeln, Fachwerk gibt es hier nicht. Der Malerfürst Franz von Lenbach, nach dem das Lenbachhaus in München benannt ist, wurde in Schrobenhausen geboren.

❖ Bad Tölz

Mehr als 30 Jahre ist es mittlerweile her, dass ich in Bad Tölz war, vielleicht eine der Städte, welche Oberbayern am typischsten verkörpern und zudem an der Isar, dem Fluss Oberbayerns gelegen. In Erinnerung blieb mir eigentlich nur die Marktstraße und die Lüftlmalerei, die interessante Bemalung der dortigen Häuser.

Andere Orte

Tegernsee

Der Tegernsee gehört zu den schönsten Flecken Bayerns. So empfand ich es, als ich an einem strahlenden Sommertag mit der Bahn von München an den See fuhr, bis zur Stadt Tegernsee. Ort und See gehören auch zu den exklusivsten Wohngebieten Deutschlands, hier wohnen etliche Millionäre und sogar Milliardäre. Die Stadt Tegernsee ist relativ klein, mit dörflichem Charakter und ohne großes Architekturerbe.

Kolbermoor

Kolbermoor ist eine recht junge Stadt, die sich durch ihre Lage an Fluss und Mangfallbahn im 19. Jahrhundert zu einer kleinen Industriestadt entwickelte. Kolbermoor hat einen eher dörflichen Stadtkern, ist jedoch architektonisch durch das industrielle Erbe dennoch nicht uninteressant. Dazu gehört zum Beispiel eine ehemalige Baumwoll-spinnerei, die renoviert ist und teilweise für kulturelle Zwecke genutzt wird.

Bad Aibling

Viel hat nicht gefehlt und ich hätte Bad Aibling in die Liste der 100 Top Städte Bayerns aufgenommen, als ich sie im Dezember 2021 besuchte. Vielleicht muss ich nochmal im Sommer kommen, um ganz überzeugt zu werden. Es gibt hier ein Klein-Venedig an der Glonn, sogar im Ortskern urige ehemalige Bauernhäuser mit Lüftlmalerei, villenartige Gebäude, Schlösschen, etliche Kirchen und einen Hofberg. Das könnte für eine Platzierung schon ausreichen, wenn die Stadt zudem auch sommerlich belebt ist.

Bad Aibling im Winter

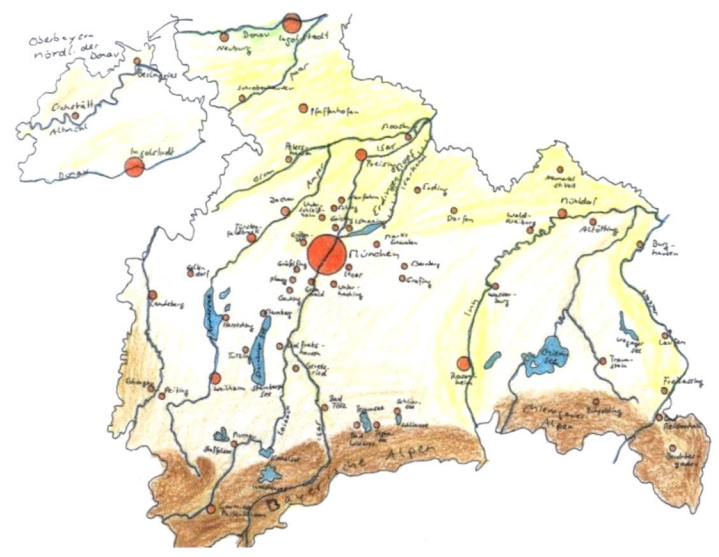

Besuchte Städte in Oberbayern: 45 (+6 Orte ohne Stadtstatus)

<u>Top-100 Städte Bayern (Top 10 der Region fett):</u>
München, Ingolstadt, Eichstätt, Rosenheim, Neuburg, Garmisch-Partenkirchen, Wasserburg am Inn, Freising, Landsberg, Burghausen, Altötting, Schongau, Schrobenhausen, Laufen, Weilheim, Mühldorf, Berchtesgaden, Bad Tölz, Beilngries.

<u>Andere besuchte Orte</u>
Bad Aibling, Bad Reichenhall, Tegernsee, Fürstenfeldbruck, Neuötting, Dachau, (Dießen am Am.) Dorfen, Ebersberg, Erding, Freilassing, Garching bei M. Geretsried, Germering, Grafing bei M., (Holzkirchen), (Kaufering), Kolbermoor, Laufen, Markt Indersdorf, Moosburg, Neumarkt St. Veit, Neuötting, Olching (Peißenberg) (Peiting), Pfaffenhofen Puchheim, Schongau, Starnberg Tegernsee, Unterschleißheim, Wolfratshausen.

69

7. Schwaben

Schwaben ist der bayerische Regierungsbezirk mit der vielleicht geringsten Regionalidentität. Zum einen leben Schwaben auch in Württemberg und Norddeutsche wundern sich vielleicht sogar, dass es in Bayern überhaupt ein Schwaben gibt. Dann ist die Region landschaftlich auch sehr heterogen. Vom Bodensee zu den Allgäuer Alpen, dem recht flachen Alpenvorland zur Donau und zum Nördlinger Ries. Viel haben diese Teilregionen nicht gemein. Eigentlich ist der Lech die Grenze zu Altbayern, aber Teile des Regierungsbezirks liegen östlich des Lechs und Teile Oberbayerns westlich von diesem Fluss. Auch eine Hauptstadt, auf die alle stolz wären und auf die sich alles orientiert, gibt es nicht. Denn gerade das Allgäu ist eher nach München orientiert als nach Augsburg und ganz im Westen Schwabens ist man auf Ulm ausgerichtet. Einziger gemeinsamer Nenner Bayerisch Schwabens ist vielleicht die Vielzahl sehenswerter Mittelstädte. Augsburg wurde im Krieg mäßig zerstört, die meisten anderen Orte kamen jedoch eher glimpflich davon. Weil der Regierungsbezirk nahe meiner Heimatstadt Isny liegt und auch nicht weit vom langjährigen Wohnort München, habe ich hier im Laufe der Zeit bereits alle Städte besucht. Meine Lieblingsstadt ist dabei Lindau, die Stadt, die mich bei jedem Besuch begeistert. Aber auch nach Nördlingen und die kleine, teilweise beschauliche Großstadt Augsburg, sowie nach Memmingen fahre ich immer wieder gerne. Mindestens 20 x war ich bereits in Lindau, Kempten, Memmingen und Augsburg, etwa 10 x in Neu-Ulm, Immenstadt und Lindenberg, mindestens 5 x in Kaufbeuren und Wasserburg.

Die 10 Städte, welche mich am meisten beeindruckten

❖ Augsburg

Als ich in München studierte, fuhr ich immer gerne nach Augsburg. Denn die Stadt war per Bahn nur eine halbe Stunde entfernt und hat einen schönen Hauptbahnhof aus dem Jahre 1846. Dieser wird oft als Bürklein-Bau bezeichnet, Bürklein erbaute auch den alten Bahnhof von München, dabei stammte der Originalbau von Eduard Rüber. Der in Augsburg geborene Bertolt Brecht (1898-1956) meinte angeblich, das Beste an Augsburg wäre der D-Zug nach München. Leider durchlaufen Bahnhofsbesucher noch eine mehrjährige Leidensphase, bevor der Bahnhof umgebaut und der unterirdische Straßenbahnanschluss fertiggestellt ist. Städte um 250 000 Einwohner verspüren immer wieder den Drang, ihren Status als kleine Großstadt mit unterirdischen Straßenbahnstationen, vor allem am Bahnhof, zu untermauern. Bei meinem letzten Besuch im Herbst 2018 gehe ich erst zum Brechthaus und dann zum Leopold-Mozart-Haus im Domviertel, das gerade im Zuge des anstehenden 300. Geburtstages des Vaters von Wolfgang A. Mozart (1719-1787) umgebaut wurde. Augsburg wirkt manchmal wie eine Kleinstadt, ist aber groß genug, verwunschene Ecken zu haben. Dazu gehört etwa das Bächeviertel hinter dem Rathaus oder die Sozialsiedlung Fuggerei. Im Juli 2019 wurde die historische Wasserwirtschaft Augsburg von der UNESCO zum Weltkulturerbe erklärt. Zu meinen Kindheitserinnerungen gehören Fernsehsendungen mit Aufführungen der Augsburger Puppenkiste (Spötter verballhornen diese zu Pupsburger Augenkiste) und ich nehme mir immer wieder vor, mal eine Aufführung zu besuchen. Als ich im Dezember die Schaufenster der Puppenkiste besuche, fällt mir auf, wie interessant und in seiner architektonischen Substanz gut erhalten das Viertel um das Rote Tor ist.

Augsburg, Marktplatz mit Rathaus

❖ Lindau

Lindau ist für mich die schönste Kleinstadt Deutschlands. Kommt man aus dem Hauptbahnhof und sieht den Hafen mit seinem Leuchtturm, den Schiffen und den Bergen am Horizont, geht einem das Herz auf. Besuchern, die ich hierherführte, stießen spontan ein Oh aus. Die auf einer Insel gelegene Altstadt ist selbst sehr pittoresk mit Gebäuden, wie einem bemalten Rathaus und interessanten Uferwegen. Lindau hat sogar kulturell einiges zu bieten wie mehrere Kunstmuseen und Ausstellungshallen und eine Marionettenoper. Einmal im Jahr treffen sich sogar Nobelpreisträger in der Stadt. Und dann gibt es hier noch den überregional bekannten Schönheitschirurgen Professor Mang, den *Michelangelo vom Bodensee, König der Nasen.*
Lindau hat auch eine internationale Seite. Von hier aus ist man schnell in Österreich und der Schweiz. Wenn man mit dem Zug ankommt den Damm überquert und aus dem Fenster sieht, ist man überrascht, den riesigen Bodensee vor sich zu sehen.

❖ Kempten

Kempten ist die heimliche Hauptstadt des Allgäus. In meiner Kindheit fuhren wir zum Einkaufen dorthin, hier gab es Verbrauchermärkte und Kaufhäuser. Die erste Stadt, wo ich Rolltreppen sah, sie kam mir deshalb wie eine Großstadt vor. Später hörte man von negativen Begleiterscheinungen einer größeren Stadt, wie Korruption im Polizeiwesen. Zusätzlich gilt Kempten als Stadt, in welcher die italienische Mafia stark präsent ist. Wenn ich heute per Bahn nach Kempten komme, fallen mir die idyllischen Allgäu-Klischees im Bahnhofsbuchladen auf, die nicht ganz zur härteren Wirklichkeit passen. Der gesichtslose und nüchterne 1960er Jahre-Durchgangsbahnhof liegt zudem weit vom Stadtzentrum und der Weg dahin führt öde Straßen entlang. Man kommt dabei am Standort des 1969 geschlossenen Kopfbahnhofes vorbei. Meine Mutter erzählt dazu immer wieder, wie die amerikanischen Besatzungssoldaten im September 1946 an der Iller ein Kinderfest organisierten, wo sogar Schokolade verteilt wurde. Aus dem ganzen Allgäu strömten Kinder herbei. Der Illersteg war dem nicht gewachsen und stürzte vor ihren Augen ein. Nun musste meine damals 15jährige Mutter die Führung der Kinderschar des Dorfes übernehmen, einen anderen Weg über die Iller suchen und den Bahnhof finden. Als sie am Ende einer Straße endlich den Kopfbahnhof sah, war sie erleichtert. Dort kratzen sie ihre letzten Reichspfennige zusammen, kauften eine Sammelfahrkarte, fuhren mit der Isnybahn bis Schwarzerd und liefen 6 km durch ein Tobel ins Heimatdorf Wengen. In Kempten fehlt irgendwie ein Ausgehviertel, die Altstadt ist nicht sehr belebt. Im Studium meinte mal ein Kommilitone, Kempten wäre ja kneipenmäßig so tot, und in Memmingen viel mehr los. Kempten hat auch kein richtiges Kunstmuseum, nur eine Kunsthalle, mit oft nur mäßig interessanten Ausstellungen. Trotzdem hat Kempten Selbstbewusstsein, denn es liegt zentral im Allgäu, ist größer als andere Städte der Region, wurde bereits von den Römern gegründet und ist somit eine der ältesten Städte Deutschlands.

❖ Memmingen

Memmingen, *die Stadt der Tore, Türme und Giebel,* liegt im relativ flachen Unterallgäu und gehört für Oberallgäuer eigentlich gar nicht mehr zum Allgäu, eher zu Oberschwaben. Memmingen ist kompakter als Kempten und hat kulturell mehr zu bieten. Es gibt eine Kunsthalle in der alten Post neben dem Bahnhof und mehrere Kunstmuseen, eines für die Memminger Künstlerfamilie Strigel. Auch ein Landestheater gibt es, wo sogar Opern aufgeführt werden. Die Innenstadt wird von kleinen Bachläufen durchflossen, manche Ecken könnten fast den Beiname Klein-Venedig tragen. Und anders als Kempten besitzt Memmingen einen kompakten modernen Bahnhof, von welchem die Altstadt zudem fußläufig zu erreichen ist.
Aber alles ist hier nicht Idylle. Memmingen machte mehrmals wegen Gerichtsurteilen Schlagzeilen. Einmal der Memminger Prozess von 1988-89 gegen den Arzt Horst Theissen wegen des Verdachtes eines illegalen Schwangerschaftsabbruches. 2020 wegen des Fischertages, an welchem in einem Stadtbach tausende Forellen gefangen werden (was Tierschützer als unnötig brutal ansehen) und wo eine Frau ihre Teilnahme einklagen wollte.

❖ Kaufbeuren

Kaufbeuren ist kein Bahnknoten wie etwa Kempten oder Memmingen. Der Bahnhof ist ein winziger nüchterner Zweckbau. Das war mir schon zu Studentenzeiten aufgefallen und dieser erste Eindruck der Stadt schreckte mich lange ab, sie genauer zu besichtigen. Später erfuhr ich, dass Kaufbeuren literarisch eine Art Geniewinkel ist. Sophie von la Roche (1730-1807), Ludwig Ganghofer (1855-1920) und Hans Magnus Enzensberger (*1929) wurden in Kaufbeuren geboren. Als ich letztes Mal nachts in der historischen Innenstadt war, erschloss sich mir jedoch die Quelle der Inspiration nicht, die Stadt wirkte leblos. Vielleicht braucht man viel Zeit, die Geheimnisse von Kaufbeuren zu erspüren. Dazu gehört wohl eine Besichtigung von Neugablonz, wo viele Flüchtlinge aus der Schmuckstadt Gablonz im Sudetenland eine neue Heimat fanden. Noch heute wird in Neugablonz Modeschmuck produziert. In den letzten Jahrzehnten sind viele Spätaussiedler aus der ehemaligen Sowjetunion nach Neugablonz gezogen, ihr Anteil an der Bevölkerung Kaufbeurens ist deshalb relativ hoch. Im bayerischen Allgäu hieß es einst, du kommst nach Kaufbeuren, wenn jemand ein bisschen verrückt war, denn dort gibt es eine Nervenheilanstalt.

❖ Füssen

Füssen ist eine wunderschöne Kleinstadt am Lech, unweit des Stausees Forggensee. Viele, vor allem japanische und amerikanische Touristen, kommen hierher, um das nahe gelegene Schloss Neuschwanstein zu besichtigen. Aber die Stadt selbst mit ihrem Schloss und der pittoresken Altstadt am Lech, umgeben von herrlicher Alpenlandschaft, lohnt schon einen Besuch. Füssen gehört zu den am südlichsten gelegenen Städten Deutschlands. In der alten Bundes-republik schrieb man auch *von Flensburg bis Füssen*, wenn man das ganze Land meinte.

❖ Nördlingen

Nördlingen ist eine historische Kleinstadt im Nördlinger Ries, mit einer kreisrunden Altstadt, welche vollständig von einer Stadtmauer umgeben ist. Etwas Besonderes ist der Blick vom Daniel, dem Turm der St. Georgs-Kirche über die Stadt und das kreisrunde Ries. Im Turm gibt es eine Turmstube, in welcher dauerhaft ein Türmer wohnt. Der ruft von 22:00 bis 24:00 halbstündlich `So Gsell So´. Im Jahr 1999 besuchte ich die Stadt mit einer rumänischen Freundin und diese war überrascht, dass man auf der Stadtmauer ganz um die Stadt gehen konnte. Im Sommer 2019 war ich nochmal hier, aber es stellte sich nicht dieselbe Begeisterung ein. Die Stadt ist sehr schön, aber irgendwie fehlen auch spezielle Highlights und Aha-Effekte. Noch am selben Tag besuchte ich Neuburg an der Donau und war dort so richtig beeindruckt.

Mit der Modefirma Strenesse stand Nördlingen lange auch für erfolgreiches modernes schwäbisches Unternehmertum. Doch in den letzten Jahren kam das Unternehmen in die Krise und die Firma stellte Ende 2020 den Betrieb ein.

Nördlingens Stadtmauer

❖ Dillingen

In Bayerisch Schwaben gibt es an der Donau etliche sehenswerte Kleinstädte wie Günzburg und Donauwörth. Am besten gefiel mir bei meinen letzten Besuchen im Jahr 2014 Dillingen. Dillingen ist architektonisch (Barock) aus einem Guss, es gibt Kirchen und riesige Klosteranlagen, Stadttore und sogar eine ehemalige Universität.

Dillingen

❖ Wasserburg am Bodensee

Ein Teil des kleinen und sehr pittoresken Ortes Wasserburg ragt als Halbinsel in den Bodensee hinein. Hier im äußersten Westen Südbayerns verbreitet der Zwiebelturm der St. Georgskirche so richtig bayerische Atmosphäre. Kommt man mit dem Zug an, sieht man gegenüber vom Bahnhof eine Gastwirtschaft, die einst von Martin Walsers Mutter betrieben und wo der Schriftsteller 1927 geboren wurde.

❖ Donauwörth

Donauwörth ist eine architektonisch recht geschlossene, gut erhaltene Mittelstadt mit einzelnen Highlights wie Fugger-haus oder Rieder Tor. Die Reichsstraße als Hauptachse ist recht repräsentativ, was Donauwörth früher sogar zum Beinamen Klein-Wien verholfen hat. Bei einer Durchfahrt mit dem Zug im Frühjahr 2020 fällt mir in Bahnhofsnähe das große Airbuswerk, wo Helikopter gebaut werden, auf.

❖ Weißenhorn

Weißenhorn hat seit ein paar Jahren wieder einen Bahn-anschluss nach Ulm und als ich die Stadt im Herbst 2013 besuche war das Neuffen- und Fuggerschloss gerade frisch saniert und zum Sitz des zum Landratsamt gemacht worden und sah dementsprechend geschleckt aus. Weißenhorn machte so einen überraschend attraktiven Eindruck.

<u>Weitere Städte in den Top 100 Bayern</u>

❖ Immenstadt

Neben Kaufbeuren kann mithin Immenstadt als weiterer schwäbischer Geniewinkel gelten: hier wurden der Maler Johann Georg Grimm (1846-1887), der die Freiluftmalerei in Brasilien einführte (2018 sah ich eine entsprechende Gedenktafel in Bühl am Alpsee), sowie der Countertenor Klaus Nomi geboren (1944-1983). Ansonsten liegt Immenstadt ein bisschen eingeklemmt und fast verschattet zwischen Höhenzügen, kann allerdings auch mit einer gut erhaltenen Altstadt und dem schönen Alpsee aufwarten

❖ Lindenberg

Lindenberg war für mich lange ein weißer Fleck auf der Landkarte, obwohl es von meinem Allgäuer Heimatdorf per Luftlinie nicht weit entfernt war. Allerdings ist es weder per Bahn noch per Bus gut zu erreichen.

Als ich dann nach dem Jahr 2010 mehrmals in Lindenberg war, überraschte mich die propere Innenstadt. Die Stadt war einst ein wichtiger Produktionsstandort für Hüte und in einer ehemaligen Hutfabrik ist heute das sehenswerte Hutmuseum untergebracht, welches ich im Sommer 2019 zum ersten Mal besuche. An dem Tag entdecke ich auch den Waldsee, einen Badesee und erkenne, dass die Stadt attraktiver ist, als man denkt.

❖Aichach

Die kleine, gut erhaltene schwäbische Stadt Aichach besuchte ich bisher nur ein einziges Mal, Ende der 80er Jahre. Ich kann mich noch an das obere Tor erinnern, wo ich ein paar Minuten verharrte, um eine Inschrift zur Stadtgeschichte zu lesen. Irgendwo hatte ich mal gelesen, Aichach würde als Auge (Ober) Bayerns gelten. Doch im Internet lässt sich kein entsprechender Beiname finden.

❖ Günzburg

Günzburg am Zusammenfluss von Günz und Donau gelegen, hat eine im Krieg nicht zerstörte, gut erhaltene Altstadt. Diese liegt auf einem Landrücken und durch zwei Stadttore kann man zu den tieferliegenden Stadtteilen gehen. In Günzburg gibt es sogar zwei Schlösser, darunter das einzige von den Habsburgern in Deutschland erbaute Schloss. Günzburg war einst Landeshauptstadt von Vorderösterreich. Als die Stadt 1806 zu Bayern kam, waren die Günzburger darüber alles andere als glücklich.

2002 machte Günzburg Schlagzeilen, als Legoland Deutschland am Rande der verkehrlich günstig an Autobahn und Schiene gelegenen Stadt eröffnet wurde.

❖ Lauingen

Lauingen gehört zur Perlenkette sehenswerter Donaustädte in Bayerisch Schwaben. Bei einem Besuch im Herbst 2013 fällt mir der Schimmelturm ins Auge, ein Turm aus dem Jahre 1478, der relativ hoch über die Stadtsilhouette hinausragt. Am Schimmelturm ein Pferderelief, ein Schimmel, der nach der örtlichen Sage einmal den schwer erkrankten Bürgermeister der Stadt rettete, in dem er mit einem großem Sprung über die Stadtmauer sprang und ihn zu einem heilkundigen Pater nach Donauwörth brachte. Berühmtester Sohn Lauingens ist Albertus Magnus (1200-1289) wichtiger Gelehrter des Mittelalters, der ebenfalls auf dem Schimmelturm abgebildet ist.

❖ Wemding und Oettingen

Im Nördlinger Ries gibt es mehrere sehenswerte Orte. Neben Nördlingen selbst sind das vor allem Wemding und Oettingen. Beides sind in ihrer historischen Anmutung erhalten gebliebene Kleinstädte. In Wemding wurde Leonhart Fuchs (1501-1566), einer der Väter der deutschen Botanik, geboren. Nach ihm sind die Fuchsien mit ihren auffälligen Blüten benannt.

Oettingen ist ein klein wenig größer und beeindruckender. Die Stadt ist Firmensitz einer der größten Brauereien Deutschlands (Oettinger).

Neu-Ulm

Das Beste an Neu-Ulm ist der Blick auf Ulm, sagen die Ulmer. Und das ist wirklich so. An einem sonnigen Herbsttag, bei buntem Laub auf der Neu-Ulmer Seite die Donau entlang spazieren und dann auf die Ulm-Silhouette mit Münster, Stadtmauer und Altstadthäusern zu blicken, perfektere Stadtansichten sieht man kaum. Bei meinem letzten Aufenthalt ging ich danach Richtung Neu-Ulm-Zentrum, wo historische Gebäude irgendwie fehlen, und besuchte das dem Bildhauer Edwin Scharff (1887-1955) gewidmete sehenswerte Skulpturenmuseum.

Sonthofen

Sonthofen ist eine propere Allgäuer Mittelstadt ohne architektonische Highlights, in der ich selbst jedoch erst zweimal war. Zwei geschichtliche Schatten liegen auf Sonthofen. Hier gibt es eine von drei (ehemaligen) NS-Ordensburgen, heute eine Kaserne der Bundeswehr. In der Stadt hielt Franz Josef Strauß zudem die Sonthofener Rede, aus der sich die Sonthofen-Strategie ableitete, ein obstruktives Verhalten der Opposition.

Krumbach

Krumbach liegt am kleinen Fluss Kammel und mit der Stadt verbinde ich Partien, die ein bisschen an Beinamen wie Klein-Venedig denken lassen. Bei Krumbach muss ich an meinen ehemaligen Geographieprofessor Karl Ganser (*1937), der nach langer beruflicher Tätigkeit in München und in NRW im Ruhestand in seine schwäbische Heimat zurückkehrte und Krumbach ein Lehmhaus baute.

Rain am Lech

Im Norden des Regierungsbezirks, unweit von Lech und Donau, liegt die kleine Stadt Rain. Als ich sie im Dezember 2021 besuche finde ich eine Hauptstraße meist giebelständiger Häuser mit Putzfassade in freundlichen Pastelltönen. Auf dem Rathausplatz entdecke ich ein Denkmal für den Feldherrn Tilly. Dieser kämpfte 1632 mit einem katholischen Heer vergeblich gegen das Vordringen der Soldaten des protestantischen Königs Gustav Adolf von Schweden nach Bayern.

Königsbrunn

Unmittelbar an das Augsburger Stadtgebiet grenzend, ist Königsbrunn weder eine alte noch eine besonders sehenswerte Stadt. Einige Besonderheiten gibt es dennoch. An der Hauptstraße, die einst 4-spurig das Stadtzentrum durchschnitt, ein gewollt originelles Cafégebäude, eine Art Hundertwasser für den kleinen Mann. Dann Mercateum, der weltweit größte Globus nach historischem Vorbild (Diego Ribeiros Karte des Jahres 1529, welche dieser für Karl V. hergestellt hatte). Leider war das Mercateum bei meinem Besuch der Stadt im Winter 2021 geschlossen. Unweit davon die Endhaltestelle der Augsburger Straßenbahn.

Mercateum

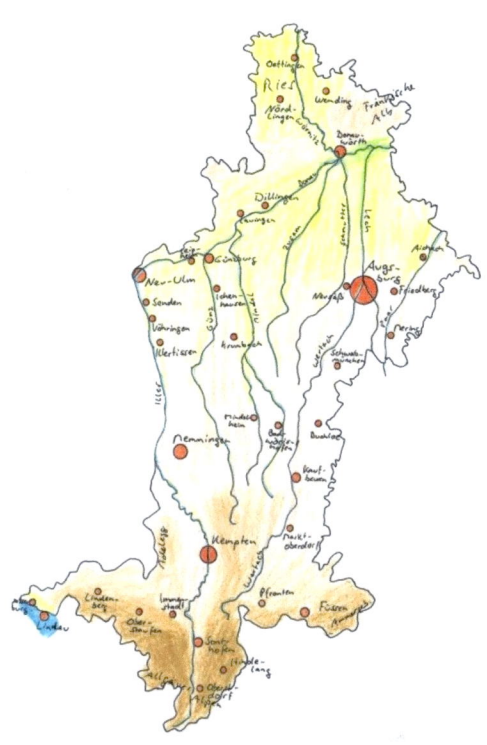

Besuchte Städte in Schwaben: 40

<u>Top-100 Städte Bayern (Top 10 der Region fett):</u>
Augsburg, Lindau, Memmingen, Kempten, Nördlingen, Lauingen, Dillingen, Kaufbeuren, Weißenhorn, Donauwörth, Wemding, Lauingen, Günzburg, Wasserburg, Aichach, Immenstadt, Lindenberg.

<u>Andere besuchte Orte:</u>
Aichach, (Bad Grönenbach), Bad Wörishofen, (Bad Hindelang), Bobingen, Buchloe, Burgau, Friedberg, Gersthofen, Gundelfingen, Harburg, Höchstädt, Ichenhausen Illertissen, Königsbrunn, Krumbach, Leipheim, (Legau), Marktoberdorf, (Mering), Mindelheim, Neusäß, Neu-Ulm, (Oberstaufen), (Oberstdorf), Oettingen, (Ottobeuren), Rain am Lech, Schwabmünchen, Sonthofen, Vöhringen, (Wasserburg), (Schwangau), Senden, Stadtbergen, Thannhausen, Wertingen.

Anhang

1. **Von mir besuchte Städte und Gemeinden nach Bundesländern**

Region	Besichtigte Städte (+ andere Orte)	Gesamtzahl der Städte	% gesehen
Berlin Brandenburg	69 (+4)	114	61
Mecklenburg-Vorpommern	37 (+4)	84	44
Sachsen-Anhalt	41	104	39
Thüringen	34	118	29
Sachsen	42	169	25
Hamburg Schleswig-Holstein	29	64	45
Bremen	2	2	100
Niedersachsen	133 (+2)	159	84
NRW	272	272	100
Hessen	105	190	55
Rheinland-Pfalz	75 (+1)	131	57
Saarland	17	17	100
Baden-Württemberg	170 (+7)	312	55
Bayern	187 (+20)	313	60
Deutschland	1215 (+44)	2048	59

2. Die 100 Top-Städte Bayerns

Regierungs-bezirk	Top 10	Weitere in den Top 100 Bayern
Unter-Franken (15)	Würzburg, Aschaffenburg, Miltenberg, Marktbreit, Mellrichstadt, Münnerstadt, Iphofen, Haßfurt, Schweinfurt, Kitzingen	Ochsenfurt, Rothenfels, Bad Kissingen, Dettelbach, Sulzfeld
Mittel-franken (15)	Nürnberg, Fürth, Ansbach, Rothenburg, Dinkelsbühl, Hilpoltstein, Weißenburg, Pappenheim, Heilsbronn, Wolframs-Eschenbach	Herzogenaurach, Lauf, Cadolzburg, Schwabach, Merkendorf
Ober-Franken (11)	Bamberg, Bayreuth, Coburg, Hof, Kronach, Kulmbach, Forchheim, Pottenstein, Seßlach, Bad Staffelstein	Lichtenfels
Ober-Pfalz (12)	Regensburg, Amberg, Berching, Cham, Neu-markt, Sulzbach-Rosenberg, Schwandorf, Weiden, Nabburg, Neustadt/Waldn.	Freystadt, Vilseck
Nieder-Bayern (11)	Landshut, Passau, Straubing, Deggendorf, Kelheim, Rieden-burg, Abensberg, Vilshofen, Neustadt/Donau, Grafenau	Vilsbiburg
Ober-Bayern (19)	München, Ingolstadt, Eich-stätt, Rosenheim, Neuburg, Garmisch-Partenkirchen, Wasserburg am Inn, Freising, Landsberg, Burghausen,	Altötting, Schon-gau, Schrobenhau-sen, Laufen, Weil-heim, Mühldorf, Berchtesgaden Bad Tölz, Beilngries,
Schwaben (17)	Augsburg, Lindau, Mem-mingen, Kempten, Nördling-en, Lauingen, Dillingen, Kauf-beuren, Weißenhorn, Donauwörth	Wemding, Lau-ingen, Günzburg, Wasserburg, Aich-ach, Immenstadt, Lindenberg

3. Städte Bayerns mit über 100 000 Einwohnern

Stadt	Fläche	Einwohnerzahl (1000)		
	Km²	2010	2019	2020
München	311	1353	1484	1488
Nürnberg	186	506	518	515
Augsburg	147	265	297	296
Regensburg	81	136	153	152
Ingolstadt	133	125	137	137
Fürth	63	115	128	128
Würzburg	87	134	128	127
Erlangen	77	106	113	112

4. UNESCO Weltkulturerbe in Bayern

Bamberg: Altstadt
Regensburg: Altstadt
Bayreuth: Markgräfliches Opernhaus
Augsburg: historische Wasserwirtschaft
Würzburg: Residenz
Steingaden: Wieskirche

5. Städte mit besonderen städtischen Verkehrssystemen

Stadt	Verkehrssystem		
	U-Bahn	Tram	S-Bahn
München	x	x	x
Nürnberg	x	x	x
Augsburg	-	x	-
Würzburg	-	x	-

6. Quermania Liste der schönsten Städte Bayerns

Nennungen im Juli 2021 (www.quermania.de)

Regensburg	2049
Dinkelsbühl	1020
Bamberg	767
Pappenheim	721
Würzburg	562
Passau	552
Neuburg/Donau	187
Dettelbach	151
München	131
Ansbach, Wasserburg/Inn	127
Landshut	124
Burghausen	119
Landsberg/Lech	117
Bad Reichenhall	113
Amberg	103
Nürnberg	92
Augsburg	76
Rothenburg ob der Tauber	71
Coburg	65
Straubing	55
Tegernsee	48
Ingolstadt	44
Lindau	30
Aschaffenburg	29
Kaufbeuren	28
Eichstätt, Nördlingen	25
Freising	21
Bayreuth	20
Rothenfels	17
Miltenberg, Königsberg i. B	16
Memmingen	14
Kempten	12
Berching, Füssen	10
Bad Kissingen, Rosenheim	8
Altötting, Weißenburg	7
Kulmbach, Kronach, Forchheim	6
Bad Tölz, Ochsenfurt, Erlangen	5

Weitere Bücher des Autors zu Städten (Siehe www.bod.de)

Elbflorenz und Spreeathen
555 Städtebeinamen
Books on Demand, Norderstedt 2020

Weg ist das Ziel
Wie ich tausendundeine Stadt in Deutschland besuchte
Books on Demand, Norderstedt 2020

Butterseelenallein
Meine Reise zu 222 Städten in Süddeutschland
Books on Demand, Norderstedt 2020

Tief im Westen
100 Städte in Nordrhein-Westfalen, welche man kennen sollte
Books on Demand, Norderstedt 2021

Von Kassel bis Kusel
100 Städte in Hessen, Rheinland-Pfalz und im Saarland, welche
man kennen sollte
Books on Demand, Norderstedt 2021

Zeitzeeing
100 Städte in Mittel- und Ostdeutschland, welche man kennen
sollte
Books on Demand, Norderstedt 2022

Nordlichter
100 Städte in Norddeutschland, welche man kennen sollte
Books on Demand, Norderstedt 2022

Puppenstube und Frittenbude
100 Städte in den Beneluxländern, welche man kennen sollte
Books on Demand, Norderstedt 2022